汽车底盘零部件设计与建模

——基于 SolidWorks

主　编　郑　彬　张　健　周承铭

北京理工大学出版社
BEIJING INSTITUTE OF TECHNOLOGY PRESS

内 容 简 介

本书主要介绍汽车底盘零部件设计与建模，旨在帮助读者掌握 SolidWorks 软件在汽车底盘零部件设计中的应用，提高设计效率。本书内容全面、系统，既有 SolidWorks 软件的基础操作，又有汽车底盘常用零部件的建模实例。

通过对本书的学习，读者不仅能够掌握 SolidWorks 软件的基本操作和建模技巧，还能够深入了解汽车底盘零部件的结构特点、设计要求以及建模方法。

本书可作为高等院校车辆工程、汽车服务工程、机械设计制造及其自动化等专业的教材，也可供从事汽车底盘设计工作的工程师参考。

图书在版编目（CIP）数据

汽车底盘零部件设计与建模：基于 SolidWorks／郑彬，张健，周承铭主编. --北京：北京理工大学出版社，2025.1.

ISBN 978-7-5763-4894-1

Ⅰ. U463.1

中国国家版本馆 CIP 数据核字第 2025S3J330 号

责任编辑： 陆世立	**文案编辑：** 李　硕
责任校对： 刘亚男	**责任印制：** 李志强

出版发行／北京理工大学出版社有限责任公司

社　　址／北京市丰台区四合庄路 6 号

邮　　编／100070

电　　话／（010）68914026（教材售后服务热线）
　　　　　（010）63726648（课件资源服务热线）

网　　址／http://www.bitpress.com.cn

版印次／2025 年 1 月第 1 版第 1 次印刷

印　　刷／河北盛世彩捷印刷有限公司

开　　本／787 mm×1092 mm　1/16

印　　张／13

字　　数／300 千字

定　　价／69.00 元

前 言

在当今汽车工业飞速发展的时代，汽车底盘零部件的设计与建模不仅是工程技术的重要组成部分，更是体现国家工业水平和技术创新能力的关键领域。为了满足高校车辆工程等相关专业的教学需求，培养具备扎实理论基础和实践能力的高素质人才，我们精心编写了这本书。

本书以 SolidWorks 软件为平台，深入浅出地介绍了汽车底盘常用零部件的设计与建模方法。SolidWorks 作为一款功能强大、操作简便的三维 CAD 软件，在汽车底盘零部件设计领域具有广泛的应用前景。通过对本书的学习，读者能够掌握 SolidWorks 软件的基础操作，熟悉汽车底盘零部件的结构特点和设计要求，掌握建模技巧和方法，为后续的专业学习和职业发展奠定坚实的基础。

在内容安排上，本书首先介绍了 SolidWorks 软件的基本界面、工具栏功能以及文件操作等基础知识，帮助读者快速熟悉软件环境。接着，重点讲解了传动轴、制动盘、齿轮、制动鼓、轮毂及轮胎、汽车车架、万向轴、驱动桥壳与半轴套管、方向盘和座椅等汽车底盘常用零部件的建模方法。通过实例演示和案例分析，读者能够深入了解这些零部件的结构原理、设计流程和建模技巧，培养解决实际问题的能力。

汽车底盘零部件设计是一项复杂而精细的工作，需要不断学习和实践。因此，我们鼓励读者在学习过程中积极思考、勇于探索，不断提高自己的设计能力和水平。此外，我们也期待与广大读者进行深入的交流和探讨，共同推动汽车底盘零部件设计领域的发展和创新。

本书由攀枝花学院智能制造学院郑彬、张健和周承铭主编，由攀枝花学院教材建设项目（JC2303）资助。特别感谢攀枝花环峰科技有限责任公司高级工程师周承铭先生，他在本书编写过程中不仅慷慨贡献宝贵意见，还提供了大量汽车底盘零部件实物进行测绘。感谢卿森火、杨卓、甫圣焱、周林非、李冶金、王鑫、蔡毅、唐瑞等在本书图片和文字处理过程中给予的帮助，感谢本书参考文献的所有编著者。

由于编者水平和经验有限，疏漏在所难免，恳请读者提出宝贵意见，我们会在适当时机进行修订和补充，在此深表谢意。

编　者

目　录

第1章
SolidWorks 软件介绍

　　SolidWorks 是达索系统(Dassault Systemes)旗下的子公司,专门负责研发与销售机械设计软件的视窗产品。SolidWorks 公司成立于 1993 年,总部位于美国的马萨诸塞州,初衷是希望在每一个工程师的桌面上提供一套具有生产力的实体模型设计系统。1995 年推出了第一套 SolidWorks 软件。1997 年,SolidWorks 被法国达索系统收购,作为其中端主流市场的主打品牌。SolidWorks 软件是世界上第一个基于 Windows 系统开发的三维 CAD (Computer Aided Design,计算机辅助设计)软件,由于其技术创新符合 CAD 技术的发展潮流和趋势,SolidWorks 公司迅速成为 CAD/CAM(Computer Aided Manufacturing,计算机辅助制造)产业中获利最高的公司。

　　SolidWorks 软件功能强大,组件繁多,能够提供不同的设计方案、减少设计过程中的错误以及提高产品质量,而且对用户来说,操作简单方便、易学易用。

　　本书基于 SolidWorks 2021 进行介绍。

1.1　SolidWorks 2021 工作界面简介

　　SolidWorks 2021 安装完毕,双击桌面 SolidWorks 2021 快捷图标启动软件。之后进入 SolidWorks 2021 初始界面,在初始界面可以打开最近的文件,以及进行视图管理、调节软件参数等操作。单击菜单栏中的"文件",然后单击"新建"弹出"新建 SOLIDWORKS 文件"对话框。该对话框中提供了"零件""装配体""工程图"3 个按钮,功能介绍如下。

　　(1)零件:绘制单一的零部件。

　　(2)装配体:将多个单一的零部件通过配合组成一个复杂的装配体。

　　(3)工程图:将三维的零部件转换成二维的工程图。

　　单击对应按钮确认想创建的文件属性之后,便进入 SolidWorks 2021 操作界面。该界面由状态栏、设计树、菜单浏览器、工具栏、辅助视图工具栏、任务窗格等组成,如图 1-1 所示。

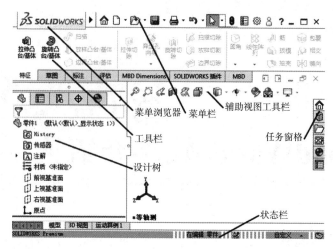

图 1-1　SolidWorks 2021 操作界面

1. 状态栏

状态栏位于操作界面的最底端，可以在用户绘制图形的过程中提醒用户绘制图形的状态。通常 SolidWorks 绘制的草图，有 3 种颜色状态：黑色、红色、蓝色。不同的颜色反映草图不同的状态。

（1）黑色：草图完全定义。不缺少尺寸和几何关系，完全定义，是标准的、正确的 SolidWorks 草图，不受任何外界影响。

（2）红色：草图过定义。存在冲突的几何关系或者尺寸，是 SolidWorks 草图中必须避免的错误。

（3）蓝色：草图欠定义。线条存在未定义的尺寸或者几何关系，会在修改的过程中发生未知的变化，属于缺少定义的状态，一般要避免出现蓝色的线条。

此外，当绘制的草图错误过多时，状态栏会显示重建模型图标提醒用户重建模型。

2. 设计树

设计树显示了建模操作的先后顺序，以及操作步骤中应用到的命令。它包含以下内容：特征说明、零部件说明、零部件配置名称、零部件配置说明。绘图过程中出现的错误，会在设计树中看到警告。设计树是 SolidWorks 软件中极为重要的一项功能，相当于建模软件的"眼睛"。在这里，用户可以很直观地观察模型各个部件之间的配合关系和装配体的构造情况，以及模型的特征和零部件之间的约束关系。设计树详细功能如下。

（1）在"前视""后视""上视"3 个基准面中选择其中一个进行草图绘制。可以说，草图绘制就是从在设计树中选择基准面开始的。

（2）确认和更改特征的生成顺序。在设计树中通过拖动项目可以重新调整特征的生成顺序，这会更改重建模型时特征重建的顺序。

（3）在设计树中可以用名称来选择模型中的项目，值得注意的是在选择的同时按住〈Shift〉键可以选择多个连续项目，按住〈Ctrl〉键可以选择非连续项目。

（4）在设计树中右击特征名称可以对特征进行重命名、编辑、删除、外观设计、隐藏、配合以及查看该零部件所处的配合关系等操作，如图 1-2 所示。当绘图区不是单个的零部件而是装配体时，除了以上操作，右击装配体名称还可以进行打开零件、编辑零件、更改零件透明度、零部件预览、固定零部件等操作，如图 1-3 所示。

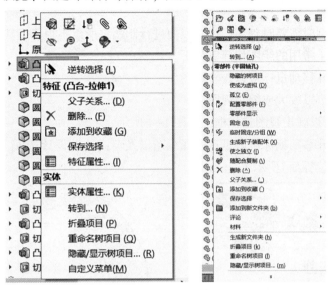

图 1-2　右击特征快捷菜单　　图 1-3　右击装配体快捷菜单

以上仅是对 SolidWorks 设计树的部分功能介绍，至于其他未提及的功能将在后文作详细阐述。

3. 菜单浏览器

展开菜单浏览器，里面包含了 SolidWorks 软件所有操作命令。

4. 工具栏

单击工具栏下方的不同按钮，可进入不同工具栏。如图 1-1 所示为特征工具栏，在特征工具栏中，可以对所绘制的草图进行拉伸凸台、旋转凸台、扫描、拉伸切除、圆角、拔模等一系列操作。将二维平面图形转换成三维模型就是在这里完成的。在本书第 3 章将对特征命令进行详细讲解。

5. 菜单栏

在菜单栏中，可以完成对文件的保存、打开、新建操作。建模的收尾工作就是保存文件。

6. 辅助视图工具栏

在辅助视图工具栏中，可以选择模型剖面图、显示类型，更改操作界面背景、视图定向。

7. 任务窗格

任务窗格包括 SolidWorks 资源、设计库、视图调色板、文件探索器、外观、布局和贴图、自定义属性等功能。通过任务窗格可以更方便、快捷地利用 SolidWorks 进行工程设计。

1.2 SolidWorks 2021 常用快捷键

用户在建立模型时需要时刻切换视图以便进行制图,所以不得不旋转、平移草图或者模型。SolidWorks 2021 常用的绘图快捷键如下。

长按鼠标中键并移动鼠标可以旋转视图。

滑动鼠标滑轮可以放大或缩小视图。

按〈Space〉键可以弹出视图选择框,如图 1-4 所示。

长按鼠标右键并移动鼠标可以迅速选择视图以及草图绘制设计选项,如图 1-5(非草绘界面)和图 1-6(草绘界面)所示。

图 1-4 视图选择框

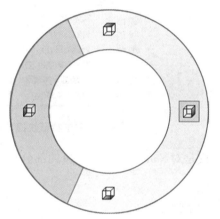

图 1-5 非草绘界面

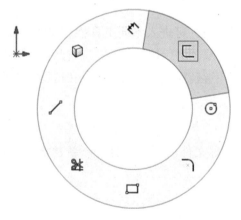

图 1-6 草绘界面

第 2 章
草图绘制

　　草图是由直线、圆、矩形等一些基本的几何元素构成的二维平面图，绝大部分的三维模型都是基于草图再施加特征命令完成的，可以说草图是三维建模的基础，也是三维建模的起点。因为草图是二维的，所以应该先选择基准平面再绘制，这在第 1 章就已经提到过。草图绘制过程可以描述为：先绘制大概形状，再修改尺寸和约束，如此反复，直至完成。

2.1　草图工具栏

　　绘制草图，首先要熟练掌握草绘命令。单击草图工具栏中的按钮可执行相应草绘命令，如表 2-1 所示。

表 2-1　草图工具栏中的按钮

按钮	名称	功能
	直线	以定义起点、终点的方式绘制直线。单击下三角弹出"中点线绘制"和"中心绘制"等命令
	圆	以圆周直径的方式绘制圆。单击下三角弹出"中心圆绘制"等命令
	样条曲线	以不同路径上的多点方式绘制一条曲线。单击下三角弹出"样式样条曲线""曲面上的样条曲线"和"方程式驱动曲线"命令
	中心矩形	在中心点绘制矩形。单击下三角弹出"边角矩形"和"平行四边形"等命令
	圆心、起点、终点画弧	以顺序指定圆心、圆弧起点、圆弧终点的方式绘制圆弧。单击下三角弹出"切线弧"和"三点圆弧"等命令
	椭圆	以先指定圆心再指定长短轴的方式绘制椭圆。单击下三角弹出"部分椭圆""抛物线"和"圆锥"等命令
	直槽口	先定义槽口起点，再移动鼠标定义槽口长度，然后沿不同于长度方向的方向定义槽口宽度。单击下三角弹出"中心点直槽口""三点圆弧槽口"和"中心点圆弧槽口"等命令

续表

按钮	名称	功能
⬡	多边形	生成边数为 3~40 的多边形
⌐ ˙	圆角	在两个草图实体的交叉处以切线弧替代角部。单击下三角弹出"绘制倒角"命令
智能尺寸 ▾	智能尺寸	定义草图的长度与角度

2.2　草绘及几何关系约束

2.2.1　直线的绘制

任意选择一个基准面进入草绘界面，单击 ╱ ˙ 按钮绘制直线，然后单击绘图区域确定直线起点，并将光标拖动到终点再次单击，按〈Esc〉键退出绘制，如图 2-1 所示。直线呈蓝色，在第 1 章提到过，蓝色说明草图欠定义。在属性栏中单击"水平"，直线下面出现 ▬，说明直线水平，如图 2-2 所示；单击竖直，观察到属性栏中出现如图 2-3 所示情况，说明草图几何关系矛盾，右击"竖直"将其删除即可。此时直线仍是蓝色，单击 智能尺寸 按钮，约束直线长度为 20 mm（SolidWorks 2021 软件默认单位为 mm、后文图中尺寸的单位均为 mm），如图 2-4 所示，单击"固定"，直线变黑，草图被完全定义，如图 2-5 所示。单击 ↵ 按钮，退出草绘界面。注意：如果不小心旋转了草图导致不能正视该草图，则可以单击"视图定向"下拉列表中的"正视于"重新定向草图，如图 2-6 所示。

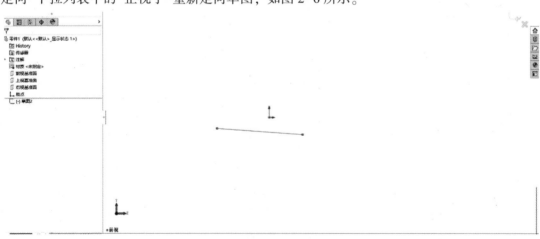

图 2-1　直线绘制

图 2-2　水平符号

图 2-3　过定义提示

图 2-4　长度约束

图 2-5　草图完全定义

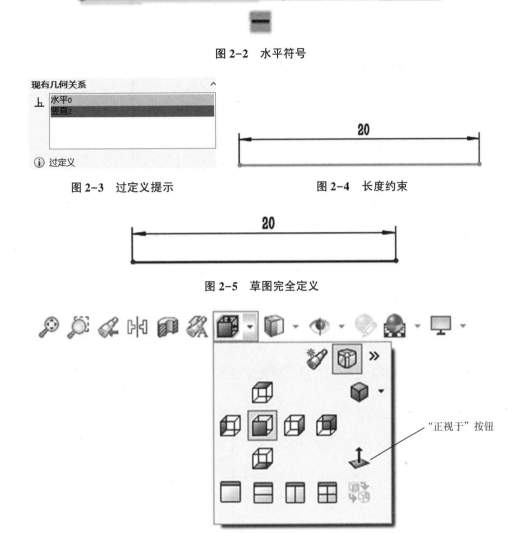

"正视于"按钮

图 2-6　"视图定向"下拉列表

2.2.2　矩形的绘制

1. 中心矩形

单击 按钮，起点选中坐标原点，拖动鼠标然后释放，基本确定矩形轮廓，再单击 智能尺寸按钮约束矩形长、宽分别为 15 mm、10 mm，草图被完全定义，如图 2-7 所示。注意：因为绘制矩形的时候起点与坐标原点重合，所以矩形位置已经确定，只缺少对其尺寸的约束。

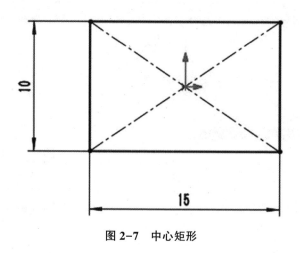

图 2-7   中心矩形

2. 边角矩形

单击 按钮，单击绘图区域确定起点，再朝任意方向(即矩形对角线方向)移动光标单击以确定终点，并约束矩形长和宽，但是草图位置可以变化，这时需要对其进行位置约束。单击智能尺寸按钮，以坐标原点为基准，分别定义草图起点与坐标原点的水平和竖直距离为 30 mm 和 20 mm，如图 2-8 所示，草图被完全定义，退出草图绘制。

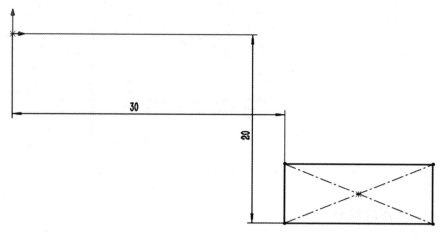

图 2-8   边角矩形

3. 平行四边形

单击 按钮，单击绘图区域先确定一条直线，该直线为所绘制平行四边形的一条确定边，然后移动光标确定平行四边形具体形状，然后释放，如图 2-9 所示。草图约束不再赘述。

其余矩形类型不再作过多阐述，读者可以自行操作。

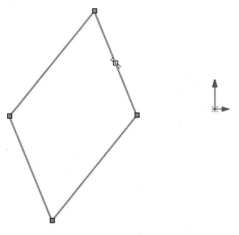

图 2-9　平行四边形

2.2.3　圆的绘制

单击 ⊙ ▾按钮，单击绘图区域确定圆心，拖动鼠标然后释放，再对其进行约束，完成绘制。

2.2.4　弧的绘制

1. 圆心、起点、终点画弧

单击 ▾按钮，单击绘图区域确定圆心，然后移动光标并单击，确定一个端点，如图 2-10 所示。此时，移动光标至合适位置再次单击，圆弧就绘制好了，对草图约束完成后退出绘制，如图 2-11 所示。

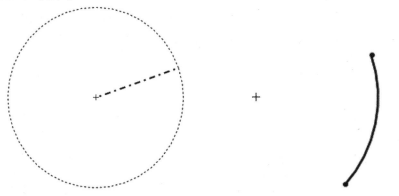

图 2-10　确定圆心和一个端点　　　　图 2-11　圆心、起点、终点画弧

2. 切线弧

顾名思义，切线弧就是与线段（最多两条）相切的弧。单击 ▾按钮，再单击线段确定圆弧的第一个端点，然后单击第二条线段确定圆弧的第二个端点，圆弧就绘制好了，如图 2-12 所示。

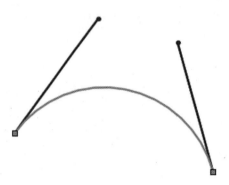

图 2-12   切线弧

2.2.5   圆角和倒角的绘制

单击 ⌐ ▾按钮，同时选中两条交叉直线，在操作界面左边的属性栏可以设置圆角参数，这里设置圆角半径为 5 mm，单击"确定"按钮，完成圆角绘制，如图 2-13 所示。

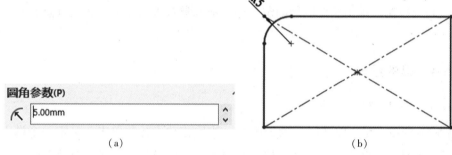

（a）   （b）

图 2-13   圆角绘制

（a）圆角参数；（b）草图绘制

倒角绘制方法与圆角绘制类似，倒角参数的设置如图 2-14 所示，包括："角度距离"和"距离-距离"。这里以"距离-距离"为例，设置两个距离都为 3 mm，生成倒角如图 2-14（b）所示。"角度距离"说明如下：这里的角度是以选中的第一条边为基准，即倒角线与选中的第一条边的夹角。举个例子，单击"角度距离"，设置角度为 30°，距离为 10 mm，生成倒角如图 2-14（c）所示。

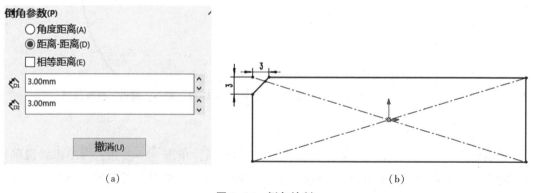

（a）   （b）

图 2-14   倒角绘制

（a）倒角参数；（b）距离-距离倒角；（c）角度距离倒角

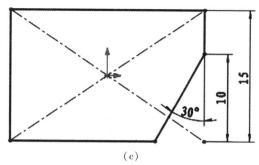

（c）

图2-14 倒角绘制（续）

剩余的实体绘制操作与上述大同小异，不再赘述，读者可以自行尝试。

注意：▮▮表示线条为竖直的，▬表示线条为水平的，▨表示图形位置固定，以上三者都可以单独定义；▨表示两直线平行，◉表示圆形或圆弧同心，以上两者都是成对出现的；▨表示线条重合，▧表示相切。

2.3 草图编辑工具

2.3.1 裁剪实体

有时候，在某一线段中只需要其中的一部分，另一部分需要删除，这时就需要用到"裁剪实体"按钮了。单击 剪裁实体 按钮，观察到属性栏中有4种裁剪方式，分别为"强劲裁剪""边角""在内剪除"和"裁剪到最近端"。其中，最常用到的是"强劲裁剪"，其余3种方式用"强劲裁剪"也可以实现。单击 强劲剪裁(P) 按钮，在绘图区域单击，并将移动光标滑过刚开始绘制的线段，可以看到光标滑过之处被裁剪，如图2-15所示。

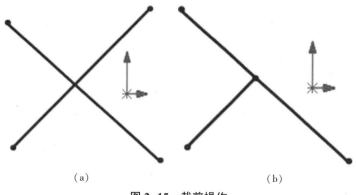

（a）   （b）

图2-15 裁剪操作

（a）裁剪前；（b）裁剪后

2.3.2　转换实体引用

如图 2-16 所示，有一凸台，选中其顶面，右击并进行草图绘制，单击 ![转换实体引用] 按钮，通过观察工具中的显示类型中的最后一个选项线架图，右击"凸台拉伸"命令，单击"隐藏"命令，呈现出如图 2-17 所示草图，这个矩形是由第一幅草图中的矩形投影到该草图的。转换实体功能类似于 CAD 中的投影功能，不仅可以转换草图也可以转换特征上的边线，这个功能非常实用，掌握后可以在实际操作中节省许多时间。

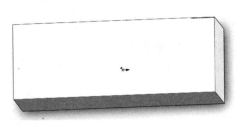

图 2-16　凸台　　　　　　　　　图 2-17　转换实体线条

2.3.3　等距实体

在之前转换实体的基础上继续绘制草图，单击 ![等距实体] 按钮，左边属性栏中可以设置距离，也可以设置方向。这里设置距离为 2 mm，绘图区域如图 2-18(a) 所示，单击"反向"，绘图区域如图 2-18(b) 所示，单击"双向"→"确定"，生成草图如图 2-18(c) 所示。

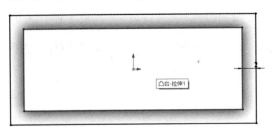
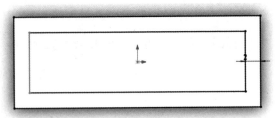

(a)　　　　　　　　　　　　　　　　　　(b)

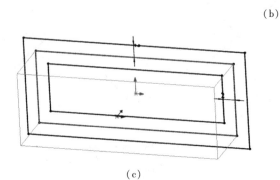

(c)

图 2-18　等距实体
(a)等距实体(不反向)；(b)等距实体(反向)；(c)等距实体(双向)

2.3.4 镜向实体

在草图工具栏中单击  按钮，然后选择需要镜向的实体，再选择镜向轴，单击"确定"按钮，完成镜向。在绘制多个连续且重复等间距的实体草图时，运用"镜向实体"命令可以为节省大量时间。镜向操作如图2-19所示。

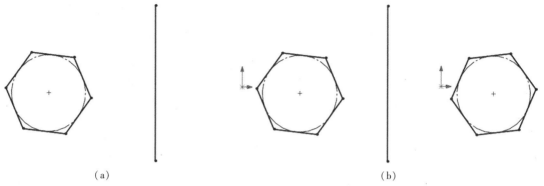

（a）　　　　　　　　　　　　　　（b）

图 2-19　镜向操作

（a）镜向前；（b）镜向后

2.3.5 线性草图阵列和圆周阵列

单击草图工具栏中的 线性草图阵列 按钮，在左边属性栏中可以设置阵列的间距、实例数以及方向。在 X 轴方向设置间距为 20 mm，实例数为 4，绘图区域出现如图2-20所示草图，然后在 Y 轴方向设置间距为 10 mm，实例数为 3，绘图区域出现如图2-21所示草图（此时 Y 轴方向将之前 X 轴的 4 个实例一同阵列）。单击"确定"按钮，线性草图阵列完成。

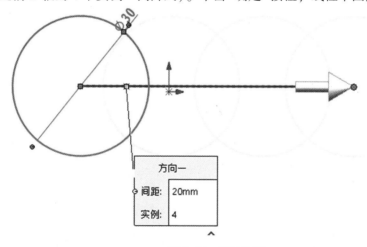

图 2-20　X 轴阵列

单击线性草图阵列的下三角选择"圆周草图阵列"，左边属性栏可以修改实例数和角间距。选择等间距，设置实例数为 4，预览图如图2-22所示，可以看到 4 个圆在 360°的圆周区域内等间距排列，或者选择标注角间距 120°，实例数为 4，预览图如图2-23所示。

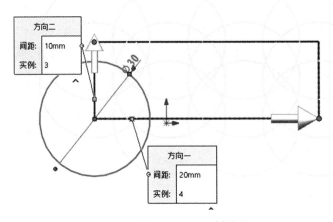

图 2-21 X-Y 轴阵列

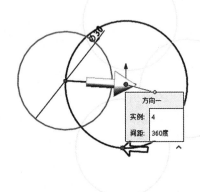

图 2-22 360°圆周阵列

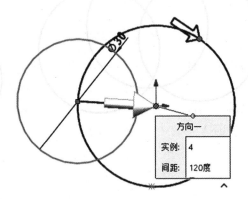

图 2-23 120°圆周阵列

第 3 章
特征操作

SolidWorks 软件提供了十分强大且基于特征的实体建模功能。在添加特征关系时，用户可以先定义出需要的特征命令，再绘制草图；也可以先绘制草图，后定义特征命令。基于草图而生成特征是最简单的三维建模方式，本章将详细讲解 SolidWorks 软件中的一些常用特征命令。

3.1 拉伸

3.1.1 拉伸凸台/基体

拉伸特征可以说是最基础的特征，其特点就是将草图轮廓沿某一特定方向伸长成实体。

在设计树中任选一基准面绘制草图，绘制完成后单击特征工具栏拉伸凸台/基体按钮，属性栏如图 3-1 所示。

凸台-拉伸

✓ ✕ ◉

从(F)
草图基准面

方向 1(1)
给定深度

10.00mm

□ 向外拔模(O)

□ 方向 2(2)

□ 薄壁特征(T)

所选轮廓(S)

图 3-1 凸台-拉伸属性栏

凸台-拉伸属性栏说明如下。

（1）"从"：设置特征生成的开始条件，包括"从草图基准面""曲面/面/基准面""从顶点"和"等距"等。

（2）"方向1"：设置拉伸终止条件，包括"给定深度"（指定拉伸距离）、"成形到一顶点"（拉伸至与草图基准面平行并穿越指定顶点的面）、"成形到一面"（拉伸至一指定面）和"到离指定面指定距离"（拉伸至离所选面指定的距离）、"成形到实体"（拉伸至指定实体）和"两侧对称"（从指定处朝两个方向对称拉伸）等。最常用的是"给定深度"和"成形到一面"。单击 按钮可以将反向之前的拉伸反向。

①"给定深度"：在原有草图的基础上拉伸，并设置拉伸深度，单击"确定"按钮，完成拉伸，如图3-2所示。

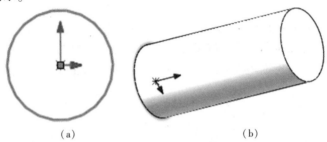

图3-2　拉伸操作1
(a)拉伸前；(b)拉伸后

②"成形到一面"：如图3-3(a)所示，存在两个特征实体，在其中间两个面任选一面绘制草图，单击"凸台-拉伸"，选择"成形到一面"，单击 ，激活选项，再选择另一个面，此时绘图区域如图3-3(b)所示，单击"确定"按钮，完成操作。

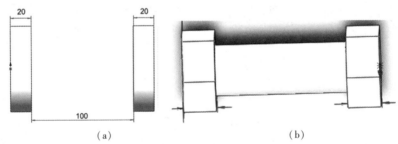

图3-3　拉伸操作2
(a)拉伸前；(b)拉伸后

（3）"方向2"：同时从草图基准面朝两个方向拉伸。

（4）"薄壁特征"：生成薄壁，单击 按钮可以设置薄壁厚度。

3.1.2　拉伸切除

"拉伸切除"命令最常用在类似于套筒结构的模型上，也可以切除模型多余的部分，该命令既基础又很常用。在所选实体面上绘制草图，单击特征工具栏中的 拉伸切除 按钮，属性栏如图 3-4 所示，其参数与"拉伸凸台/基体"命令参数几乎一致，只是多出了"完全贯穿"和"反侧切除"选项。

图 3-4　切除-拉伸属性栏

　　例如，草图如图 3-5(a)所示，设置好合适的深度后切除，效果如 3-5(b)所示，若勾选"反侧切除"复选按钮，则绘图区域如图 3-5(c)所示，即将草图轮廓以外的部分切除。

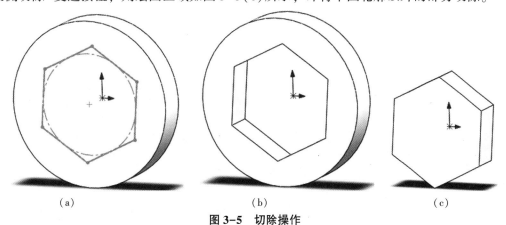

(a)　　　　　　　　　　　　　(b)　　　　　　　　　　　(c)

图 3-5　切除操作

(a)草图；(b)正向拉伸切除；(c)反侧切除

3.2　旋转凸台/基体

　　"旋转凸台/基体"特征是由所绘制的草图轮廓绕指定的轴线旋转而成的特征，其应用广泛，如球形零件、环形零件、轴类零件、轮毂类零件。在特征工具栏中单击 **旋转凸台/基体** 按钮，任选一基准面绘制草图并设置旋转轴(中心线),如图 3-6 所示,完成后退出草绘界面。系统弹出旋转属性栏,如图 3-7(a)所示,设置相关参数后,在绘图区域显示预览模型,如图 3-7(b)所示。

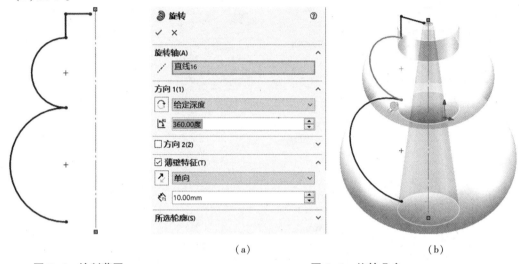

（a）　　　　　　　　　　　　　　　　（b）

图 3-6　绘制草图　　　　　　　　　　　　　　　图 3-7　旋转凸台

旋转属性栏说明如下。

(1)"方向 1":单击 按钮,反转旋转方向。在 图标右侧的文本框中定义旋转角度,即旋转实体的范围角度,系统默认都是 360°。

(2)"薄壁特征":与拉伸薄壁特征一样,用于生成旋转薄壁特征。

例如,图 3-8 所示法兰盘的创建步骤如下。

图 3-8　法兰盘

(1)新建文件。启动 SolidWorks,执行"文件"→"新建"命令或者单击快速访问工具栏中的 按钮,在弹出的对话框中选择零件,新建零件文件。

(2)草图绘制。在设计树中右击"前视基准面",单击 按钮进行草图绘制。草图绘制完成后对其标注尺寸并进行约束,如图 3-9 所示,右击旋转轴,在弹出的快捷菜单里选择"构造几何线" ,绘制中心线。

(3)旋转实体。单击 旋转凸台/基体 按钮,系统弹出如图 3-10 所示旋转属性栏,此时系统默认中心线为旋转轴，不需要激活"旋转轴"命令，单击"确定"按钮，生成模型。

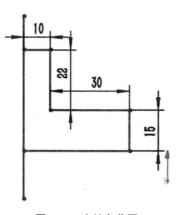
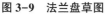

图 3-9　法兰盘草图

图 3-10　旋转属性栏

（4）打孔。选择模型较大的底面，在合适的位置绘制圆形，然后单击 拉伸切除 按钮，选择"完全贯穿"，法兰盘创建完毕。

3.3　扫描

扫描特征是拉伸特征的一种特殊形式，是指由二维草绘平面沿空间轨迹线扫描而成的特征，它与拉伸特征的区别是轨迹线为不确定曲线，并且扫描的截面具有可变性。绘制好二维草图后，在特征工具栏里单击 扫描按钮，系统弹出扫描属性栏，如图 3-11 所示。

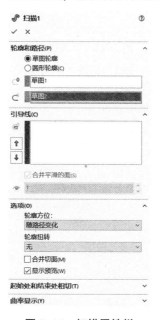

图 3-11　扫描属性栏

扫描属性栏说明如下。

（1）"轮廓和路径"：单击"草图轮廓"按钮，"轮廓"选项 用于选定扫描的草图截面；"路径"选项 用于确定扫描路径。路径草图可以是任意直线、曲线，但路径起点必须位于草图轮廓面上。单击"圆形轮廓"按钮，选择"路径"选项 ，系统直接以路径起点为圆心绘制圆并以该圆为轮廓，沿路径扫描，如图 3-12 所示。

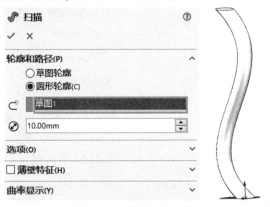

图 3-12　图形轮廓扫描

（2）"引导线"：生成随路径变化截面也跟着变化的扫描，效果如图 3-13 所示。

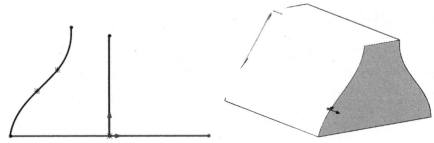

图 3-13　引导线扫描

注意：二维草图轮廓、引导线、路径草图三者应有各自独立的草图，即一个草图不能包含三者中的任意两个；引导线与轮廓要相交于一点。

例如，图 3-14 所示弹簧的创建步骤如下。

图 3-14　弹簧

（1）新建文件。启动 SolidWorks，执行"文件"→"新建"命令或者单击快速访问工具栏中的□按钮，在弹出的对话框中选择零件，新建零件文件。

（2）绘制草图轮廓及引导线。在设计树中右击"前视基准面"，单击❷按钮进行草图绘制，草图绘制完成后对其标注尺寸并进行约束，然后绘制引导线，在特征工具栏中单击"曲线"下三角，选择 **螺旋线/涡状线**，设置好合适的螺距和圈数，单击"确定"按钮，绘制完成，如图 3-15 所示。

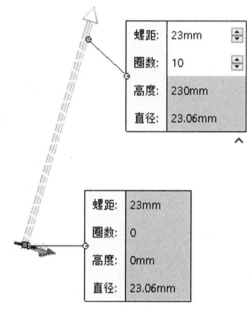

图 3-15　螺旋线/涡状线设置

（3）扫描。在特征工具栏里单击 扫描按钮，在"轮廓和路径"中选择"圆形轮廓"，设置圆形直径为 10 mm，单击"确定"按钮，扫描完成。

3.4　圆角/倒角

如图 3-16 所示，用 SolidWorks 软件新建一个长、宽为 50 mm，高为 70 mm 的长方体模型。

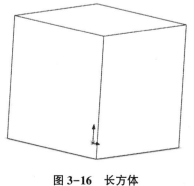

图 3-16　长方体

在特征工具栏中单击  按钮，"圆角类型"选择"恒定大小圆角"，单击长方体任意一边或面，单击"确定"按钮，如图 3-17 所示。

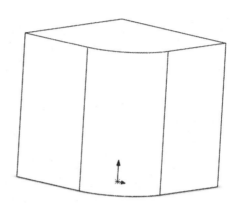

图 3-17 恒定大小圆角

"圆角类型"选择"变量大小圆角"，单击长方体任意一边，在"变半径参数"中单击 V1、V2 激活并输入参数，单击"确定"按钮，如图 3-18 所示。

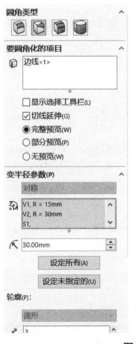

图 3-18 变量大小圆角

"圆角类型"选择"面圆角"，在"要圆角化的项目"中选择相邻两面，设置半径 30 mm，单击"确定"按钮，如图 3-19 所示。

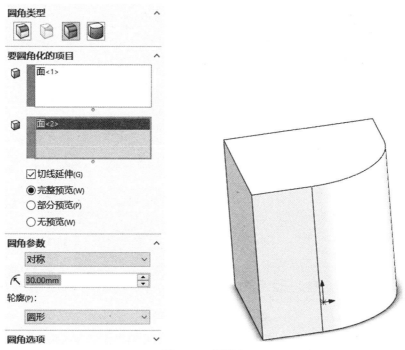

图 3-19 面圆角

"圆角类型"选择"完整圆角"，选择长方体三个面，单击"确定"按钮，如图 3-20 所示。

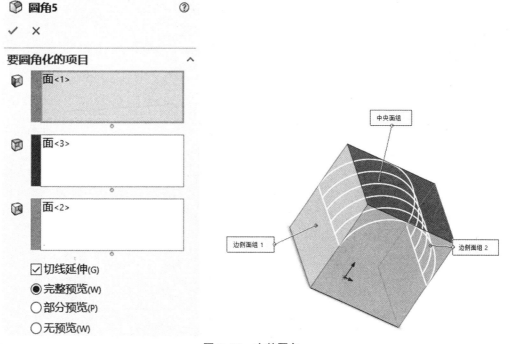

图 3-20 完整圆角

单击"圆角"下三角，选择"倒角"命令，"倒角类型"选择 ⃞，选择长方体任一边或面，单击"确定"按钮，如图 3-21 所示。

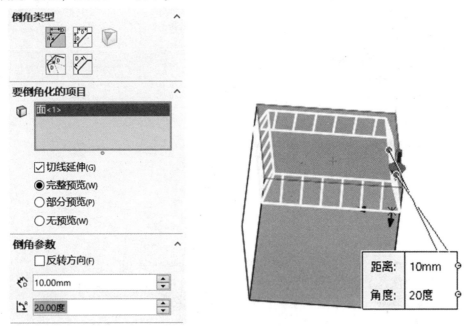

图 3-21　角度-距离倒角

"倒角类型"选择▽，选择长方体任一顶点，分别设置三个合适的距离参数，单击"确定"按钮，如图 3-22 所示。

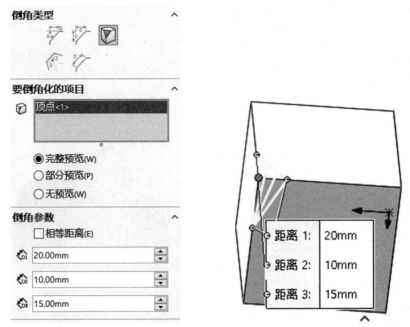

图 3-22　三个距离倒角

3.5　拔模

拔模操作实际上就是把模型削尖，被削尖的面叫作拔模面。如图 3-23（a）所示，有一圆柱体，单击特征工具栏 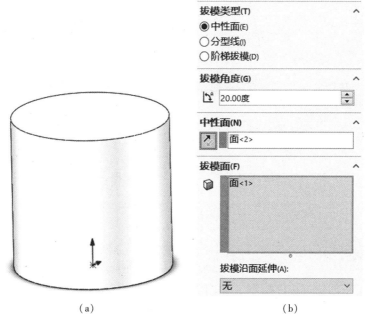 拔模按钮，系统弹出拔模属性栏，如图 3-23（b）所示，设置"拔模角度"为 20°，激活"中性面"选项，选择圆柱顶面或底面为中性面，将圆柱侧面设置为拔模面，单击"确定"按钮，拔模完成，如图 3-24 所示。

（a）　　　　　　　　　　　　　　（b）

图 3-23　拔模特征参数设置

（a）圆柱体；（b）拔模特征参数

图 3-24　拔模完成

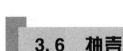

3.6 抽壳

如图 3-25 所示，有一实体，单击特征工具栏⬚抽壳按钮，在尺寸栏设置抽壳后的壁厚（若单击"壳厚朝外"，则会在原有的特征基础之上加厚），选择上下两个面，单击"确定"按钮，抽壳完成，如图 3-26 所示。

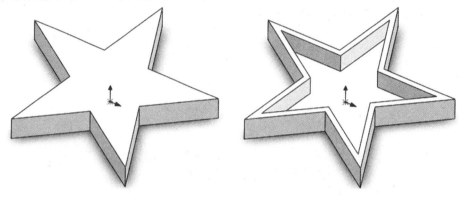

图 3-25 抽壳前的实体   图 3-26 抽壳后的实体

3.7 筋

筋特征多用于创建焊接件模型。如图 3-27 所示，有一 L 形零件，拉伸长度为 50 mm。下面对其创建筋特征。首先创建基准面，单击 L 形面，特征栏中单击"参考几何体"下三角，选择基准面。因为是在中间位置绘制草图轮廓，故设置偏移距离 25 mm，观察预览图，若创建的基准面不是在 L 形零件中间，则勾选"反转等距"，反之则不勾。选择刚才创建的基准面并进行草图绘制。单击特征工具栏⬚ 筋 按钮，系统弹出属性栏，一般选择"拉伸方式"为"两侧对称" ⬚，"拉伸方向"为"平行于草图" ⬚，"厚度"为 8 mm，单击"确定"按钮，完成筋特征创建，如图 3-28 所示。

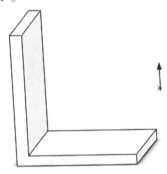

图 3-27 L 形零件

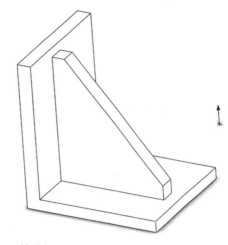

图 3-28　筋特征

3.8　异型孔向导

如图 3-29 所示，有一直板，单击特征工具栏 异型孔向导 按钮，系统弹出如图 3-30 所示孔规格属性栏，说明如下。

（1）"孔类型"：定义孔类型，有柱形沉头孔、锥形沉头孔、直孔、直螺纹孔、锥形螺纹孔、旧制孔、柱孔槽口、锥孔槽口、直槽口等。

（2）"孔类型-标准"：包含各个国家的工业标准，有 GB、BSI、DIN 等。

（3）"孔规格-大小"：定义孔的大小，有 M1.2~M64 不等。

（4）"终止条件"：与前面讲的拉伸切除方式一样，在这里不作赘述。

（5）"选项"：可以设置孔是否带螺纹标注、螺纹线等级（1B~3B）、近端锥孔还是远端锥孔。

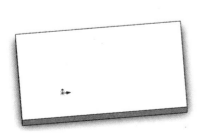

图 3-29　直板

图 3-30　孔规格属性栏

下面以创建一个带螺纹的 M12 直螺纹孔为例进行具体操作介绍。在"孔类型"中单击"直螺纹孔"，"标准"一般选择 GB（国标），"类型"选择"底部螺纹孔"，在"孔规格-大小"设置为 M12，"终止条件"为"完全贯穿"，勾选"带螺纹标注"，单击"确定"按钮。至此，孔的类型已完全定义，还差孔的位置定义。在异型孔向导特征工具栏中单击 位置按钮，再单击 3D 草图 按钮，选择"实体表面放置孔"，若要想对孔的位置进行具体约束，则可以单击"智能尺寸"按钮对孔位置进行约束，如图 3-31 所示。单击"确定"按钮并退出草图绘制，孔建模完成，如图 3-32 所示。

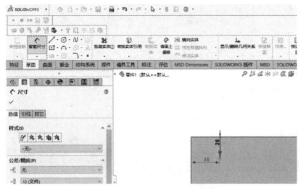

图 3-31　孔位置的约束

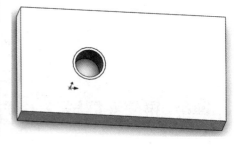

图 3-32　孔

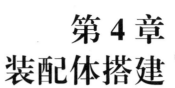

第 4 章
装配体搭建

4.1　装配体界面介绍

　　装配体界面打开方式：单击"文件"→"新建"，在"新建 SOLIDWORKS 文件"对话框中选择"gb_assembly"，单击"确定"按钮，如图 4-1 所示。

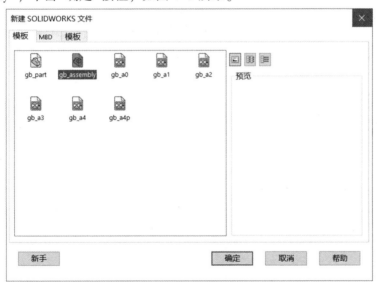

图 4-1　"新建 SOLIDWORKS 文件"对话框

4.2　装配体搭建基本命令介绍

4.2.1　鼠标快捷指令

　　进入装配体界面，单击"插入零部件"命令 插入零部件，这里选择一个零部件插入，如图

4-2 所示。

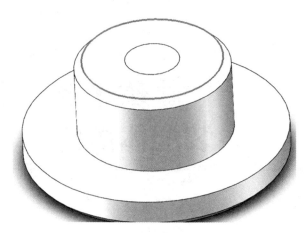

图 4-2 插入的零部件

首先介绍鼠标的快捷命令。

对准模型长按鼠标中键拖动鼠标可带动模型旋转，单击零部件任意面，再次单击可以弹出快捷菜单，其中包括在装配体里面打开零件、编辑零件、更改零件透明度、隐藏零部件、编辑草图、草图绘制等命令，如图 4-3 所示。右击零部件也会弹出快捷菜单，如图 4-4 所示。其中命令很多，但大多数用不到，常用的有零部件显示、浮动、固定、随配合复制、删除等。另外，按住〈Ctrl〉键并按住鼠标左键拖动零部件可以实现零部件的复制，这样的操作可以省去很多重复插入同样一个零部件的操作，如反复插入同种型号的螺栓、螺钉。

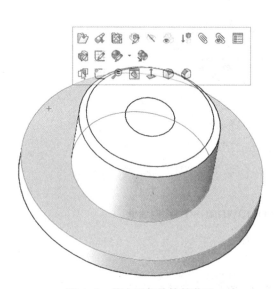

图 4-3 单击零部件快捷菜单   图 4-4 右击零部件快捷菜单

装配体界面左边的设计树可以看到零部件的建模特征，右击特征会弹出快捷菜单，可以对相应的特征执行特征编辑、草图编辑、隐藏、查看配合、编辑外观色彩、删除等命令。

下面介绍配合命令。

插入零部件后，单击"配合"命令 配合，会弹出配合属性栏，如图 4-5 所示，分为标准配合、机械配合、高级配合、分析配合。最常用的是标准配合，包括重合、平行、垂直、相切、同轴心。

图 4-5　配合属性栏

4.2.2　标准配合指令

1. 重合

单击"插入零部件"→"浏览"，选择零部件并打开，这里插入两个零部件，如图 4-6 所示。

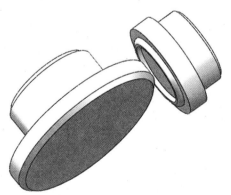

图 4-6　插入的两个零部件

选择两凸台较小的端面，单击"重合"命令 $\nwarrow$ 重合(C)，单击"确定"按钮，两凸台重合，如图 4-7 所示。但是，此时模型并没有被完全约束，还需要对其进行同轴心约束。

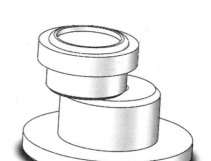

图4-7 "重合"配合操作

2. 同轴心配合

单击"配合"命令![配合], 在弹出的配合属性栏的"配合类型"中选择 ![同轴心(N)], 在配合属性栏的"配合选择"中选择两凸台各自的圆柱侧面, 选择完成后单击"确定"按钮, 同轴心配合完成, 如图4-8所示。

图4-8 "同轴心"配合操作

3. 平行与距离约束

如图4-9所示, 要将滑块放入三角孔底座内, 使得滑块能在三角孔内自由移动。对滑块和三角孔进行尺寸测量, 如图4-10和图4-11所示, 观察到两者尺寸并不匹配, 所以不能用简单的"重合"命令对其进行约束, 这里要用到"平行"命令。

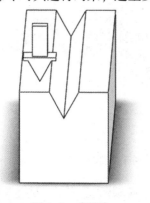

图4-9 未配合

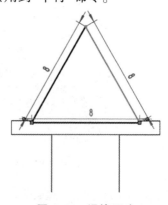

图4-10 滑块尺寸

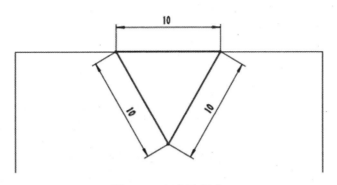

图 4-11　三角孔尺寸

单击"重合"命令 重合(C)，选择图 4-12 所示两个面，单击"确定"按钮。选择如图 4-13 所示两个面，单击"平行"命令 平行(R)，此时滑块在 Y 轴方向被固定，但是在 X、Z 轴方向没有被固定，此时可以对滑块进行距离限制配合：按住〈Ctrl〉键同时选择如图 4-14 所示两个面，设置两面间距离为 9.5 mm，这样滑块就在 X、Y 轴方向被约束，在 Z 轴方向可自由移动，目的达成，如图 4-15 所示。

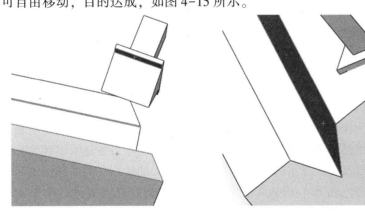

图 4-12　"重合"命令选择面

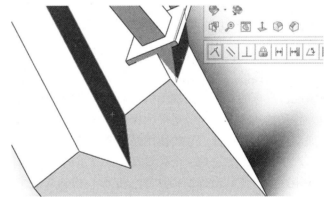

图 4-13　"平行"命令选择面

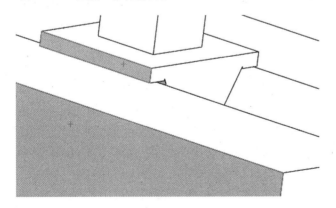

图 4-14　"距离"命令选择面

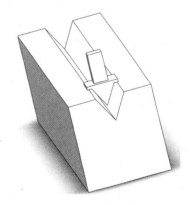

图 4-15　滑块约束完成

第5章
传动轴建模

5.1 概述

5.1.1 传动轴的功用及工作条件

汽车的发动机与驱动轮不在同一轴线上，而且，汽车的底盘与驱动轮也不是固定的，是通过弹簧连接的。因此，汽车的发动机轴与驱动轮之间的距离是在不断变化的。为了适应这一情况，汽车的设计者把发动机与驱动轮之间的连接进行了精心的设计，传动轴就是其中之一。传动轴两端用万向节连接，保证了在任何情况下，都能确保动力的正常传递。传动轴是传递动力的重要部件，它的作用是与变速箱、驱动桥一起将发动机的动力传递给驱动轮，使汽车产生驱动力。它是一个高转速、少支承的旋转体，要承受较大的转矩，而高速旋转和较大转矩往往会使其出现磨损严重、变形、松动等现象，所以生产时往往需要进行动平衡矫正。因此，汽车传动轴主要的性能要求就是具有良好的综合力学性能，即强度、塑性、韧性有良好的配合，以防止工作中冲击或过载断裂；高的疲劳强度，以防止疲劳断裂；良好的耐磨性，以防止轴颈磨损。

5.1.2 传动轴材料

对于汽车传动轴，常用的材料有35、45、50优质碳素钢，以45钢应用最为广泛。对于受载荷较小的传动轴，也可用Q235、Q255等普通碳素钢。对于受力较大，轴向尺寸、质量受限制或者某些有特殊要求的传动轴，可采用合金钢。例如，40Cr合金钢可用于中等精度、转速较高的传动轴，该材料经调质处理后具有较好的综合力学性能；15Cr、65Mn等合金钢可用于精度较高、工作条件较差的传动轴，这些材料经调质和表面淬火后其耐磨、耐疲劳性能都较好；20Cr、20CrMnTi等低碳钢或38CrMoA1A、20Mn2B等渗碳钢可用于高速、重载条件下工作的传动轴，这些材料经渗碳淬火或渗氮处理后，不仅有很高的表面硬度，而且其心部强度也大大提高，因此具有良好的耐磨性、抗冲击韧性和耐疲劳性。球墨铸铁、高强度铸铁由于铸造性能好，且具有减振性能，常用于结构复杂、承受较大载荷、工作环境复杂的传动轴。

5.1.3　传动轴构造

汽车传动轴由轴管、伸缩套和万向节组成。轴管与变速箱、驱动桥一起将发动机的动力传递给车轮，使汽车产生驱动力，伸缩套能自动调节变速器与驱动桥之间的距离，万向节用于保证变速器输出轴与驱动桥输入轴两轴线夹角的变化，并实现两轴的等角速度传动，万向节一般由十字轴、十字轴承和凸缘叉等组成。斯太尔系列重型汽车使用的传动轴万向节采用滚柱十字轴承，配合短而粗的十字轴，可传递较大的转距，在轴承端面设有蝶形弹簧，以压紧滚柱，十字轴的端面增加了具有螺旋槽的强化尼龙垫片，可防止大夹角或大转距传递动力时烧结。

汽车传动轴在花键轴外增加了一个管形密封保护套，并在该保护套端部设置了两道聚氨酯橡胶油封，使伸缩套内形成一个完全密封的空间，保证花键轴不受外界沙尘的侵蚀，防止其锈蚀。因此，装配时在花键轴与套内一次性涂抹润滑脂，就完全可以满足使用要求，不需要装油嘴润滑，减少了保养内容。

5.1.4　传动轴的表面处理

传动轴的表面处理如下。

（1）将传动轴置于加热炉内并对其初次调质处理，使传动轴硬度达到 25~40 HRC。

（2）将传动轴预热 2~3 h，预热炉炉温为 440~460 ℃。

（3）将传动轴在 600~620 ℃ 的盐浴炉中保温 5~6 h 进行淬火。淬火时，采用硝盐淬火剂以 50~55 ℃/min 的升温速度匀速淬火至 150~500 ℃。硝盐淬火剂为硝酸钾和硝酸钠按 2∶1 的质量比混合的淬火剂。

（4）传动轴淬火后，在温度为 180~200 ℃ 的条件下回火，然后保温 20~30 min，以稳定组织。

（5）将传动轴在 300~305 ℃ 的回火炉内保温 8~10 h 后空冷至常温。最后在其表面喷涂油漆，进行防锈处理。

5.2　传动轴轴管建模方法

传动轴轴管的建模方法如下。

5.2.1　初始准备

双击桌面 SolidWorks 图标进入初始界面，在菜单栏单击"文件"→"新建"或按〈Ctrl+N〉组合键，选择"零件"并单击"确定"按钮，如图 5-1（a）、图 5-1（b）所示，进入 SolidWorks 2021 操作界面。在设计树中右击"右视基准面"，在弹出的快捷菜单中，单击"正视于"命令 ↓，如图 5-1（c）所示。以右视基准面为参考平面，使其正对屏幕，然后单击操作界面中的"草图"按钮，进入草图工具栏，单击草图工具栏中的 ⌐ 草图绘制 按钮，如图 5-1（d）所示，进入草图绘制界面。

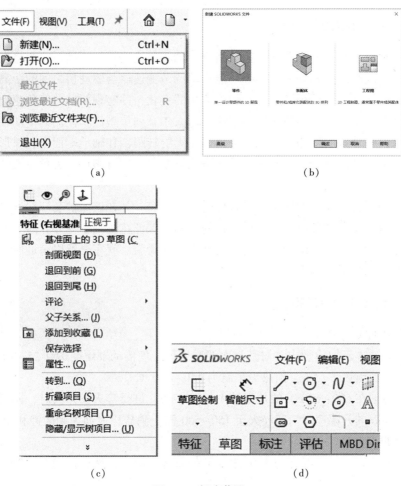

（a）   （b）

（c）   （d）

图 5-1　新建草图

5.2.2　法兰盘的建立

单击草图工具栏中 ⊙ 按钮下三角，出现图 5-2（a）所示下拉列表，单击"圆"命令，开始画圆。选择草图坐标原点为圆心，向四周任意拉伸得到图 5-2（b）所示草图，然后单击 智能尺寸 按钮，进行尺寸约束，约束直径为 120 mm，如图 5-2（c）所示。圆绘制完成。

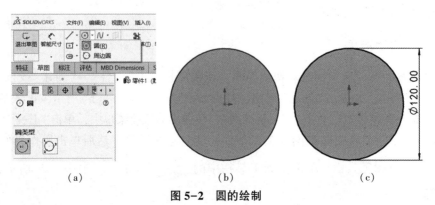

（a）   （b）   （c）

图 5-2　圆的绘制

单击"特征"按钮，进入特征工具栏，如图5-3(a)所示。单击  拉伸凸台/基体 按钮，执行"拉伸凸台"命令(通过一个草图拉伸得到一个实体模型)，方向由图5-3(b)中的箭头控制，选择"给定深度"(给定拉伸长度)，输入凸台拉伸长度为 15 mm。单击 ✔ 按钮完成拉伸，如图5-3(c)所示。

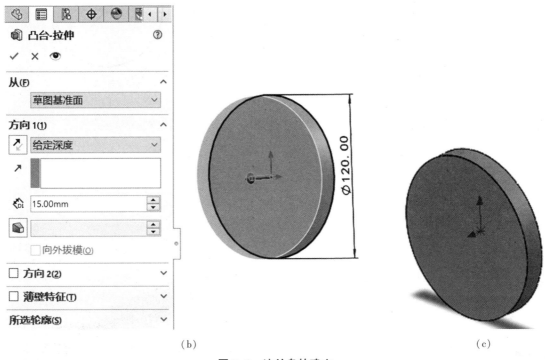

图5-3 法兰盘的建立

单击实体模型任意一端面，然后右击出现如图5-4(a)所示快捷菜单，单击 按钮，方便绘制新的草图，如图5-4(b)所示。然后单击"草图"按钮，在草图工具栏中单击 草图绘制 按钮，按同样方法绘制一个直径为 80 mm 的圆，如图5-4(c)所示，然后进行凸台拉伸，输入拉伸长度为 1 000 mm，得到拉伸后的实体模型，如图5-4(d)所示。

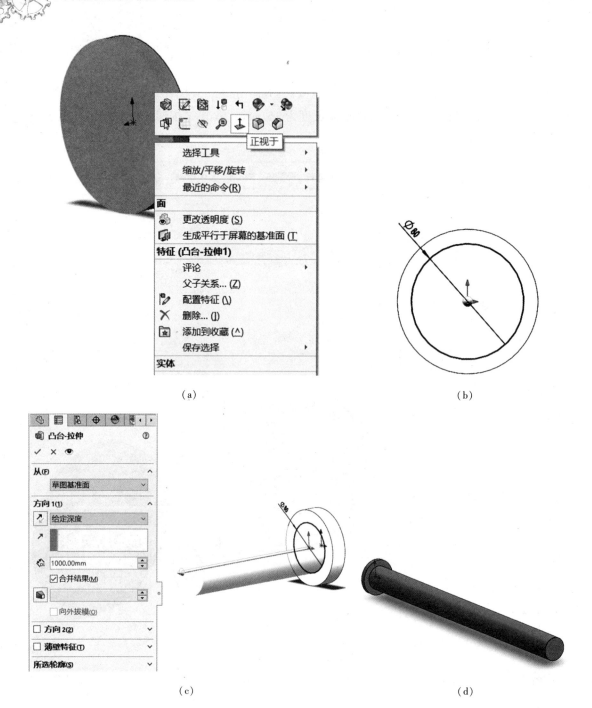

（a）

（b）

（c）

（d）

图 5-4　轴管管身的拉伸

　　单击"特征"按钮，进入特征工具栏，单击 线性阵列 按钮，执行"线性阵列"命令，选择拉伸出的圆柱面为参考方向，由图 5-5(a)所示，输入阵列距离为 1 015 mm，选择"凸台-拉伸1"为阵列目标，单击 ✔ 按钮完成阵列，如图 5-5(b)所示。

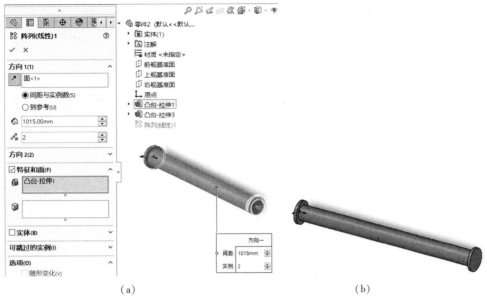

（a）　　　　　　　　　　　　　　（b）

图 5-5　法兰盘的阵列

5.2.3　螺栓孔的建立

因为直接在图 5-6（a）所示表面建立草图较为困难，而单击此平面设置正视于时又会出现如图 5-6（b）所示的遮挡情况，所以需要采用剖面的方法消除影响。单击如图 5-6（c）所示任意一端面，然后在绘图区域顶部的辅助视图工具栏中单击 按钮，执行"剖面"命令，如图 5-6（d）所示。图 5-6（e）中箭头代表剖面方向，该箭头可通过手动拉伸调节角度和长度，在此主要介绍利用左侧属性栏进行截面设置。由于箭头向上，所以在长度输入栏输入-500 mm进行剖面，其他选项默认不变，单击 按钮。

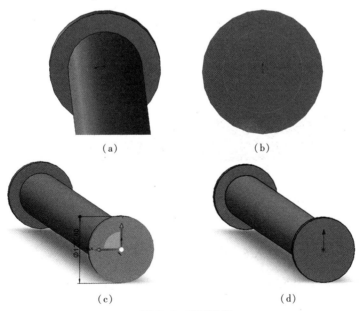

（a）　　　　　　　　　　　　　　（b）

（c）　　　　　　　　　　　　　　（d）

图 5-6　剖面设置

(e)

图 5-6　剖面设置（续）

剖面后的实体如图 5-7 所示，辅助视图工具栏中  按钮处于选定状态，代表剖面处于激活状态。

图 5-7　剖面后的实体

单击如图 5-8(a)所示表面为参考面，新建草图，单击 ⬡ 按钮，任意画出一个 6 边形，在左侧属性栏"参数"文本框中输入 6，代表 6 条边。然后单击 ⟋ 按钮，给定边长尺寸为
智能尺寸
9.5 mm，与原点竖直距离为 50 mm，水平距离为 0 mm。单击 ✔ 按钮，如图 5-8(b)所示。

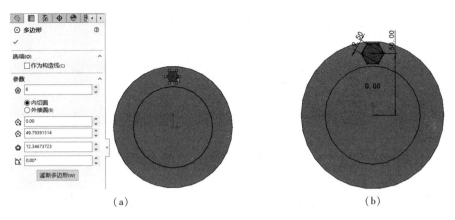

（a）　　　　　　　　　　　　　　　　　　　　　（b）

图 5-8　螺栓孔草图绘制

单击"特征"按钮，进入特征工具栏，然后单击拉伸切除按钮，进行拉伸切除。选择"给定深度"，输入切除深度为 6.5 mm，切除方向可由图 5-9（a）所示箭头控制，向下切除，得到切除后实体，如图 5-9（b）所示。再次单击"特征"按钮，单击特征工具栏中的异型孔向导按钮，进行打孔，如图 5-9（c）所示。"标准"选择 GB，"类型"选择"钻孔大小"，"孔规格-大小"选择 10 mm，"终止条件"选择"完全贯穿"，完成打孔，如图 5-9（d）所示。

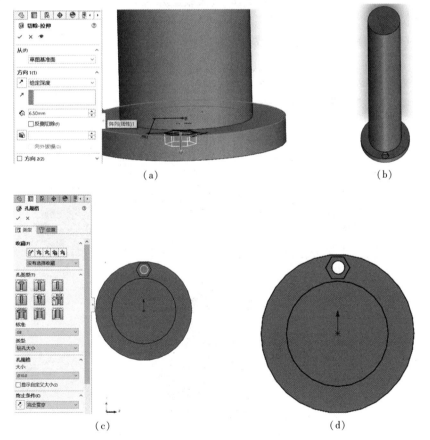

（a）　　　　　　　　　　　　　　　　　　　　　（b）

（c）　　　　　　　　　　　　　　　　　　　　　（d）

图 5-9　螺栓孔的建立

5.2.4 螺栓孔的阵列

单击"特征"按钮,进入特征工具栏,单击 参考... 按钮,单击"基准轴",选择"前视基准面"和"上视基准面"为参考,建立基准轴,如图 5-10 所示。

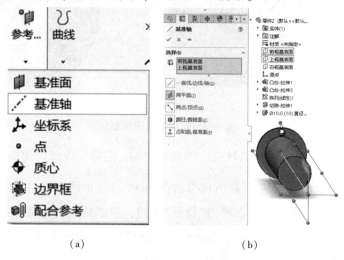

（a）　　　　　　　　　　　　　　（b）

图 5-10　基准轴建立

单击"特征"按钮,进入特征工具栏,单击"线性阵列"→"圆周阵列",以新建基准轴为参考,进行 360°等间距阵列,阵列个数为 4,如图 5-11 所示。

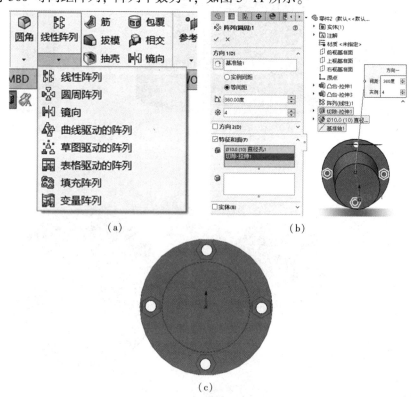

（a）　　　　　　　　　　　　　　（b）

（c）

图 5-11　螺栓孔的阵列

5.2.5 法兰盘的阵列

单击"参考"→"基准面"，以图 5-12(a)所示位置为参考，输入偏移距离为 500 mm，其他默认，建立基准面。再次单击 按钮，退出剖面图，单击"特征"→"镜向"，如图 5-12(b)所示。以新建基准面 4 为参考，选择"阵列(圆周)1"为镜向目标，如图 5-12(c)所示。阵列完成得到传动轴轴管模型，如图 5-12(d)所示。

（a）   （b）

（c）   （d）

图 5-12 法兰盘的阵列

5.3　传动轴花键轴建模方法

传动轴花键轴的建模方法如下。

5.3.1　初始配备

首先建立一个新文件，选择"前视基准面"，单击"正视于"按钮。使前视基准面面向屏幕，然后单击"草图"按钮，在草图工具栏中单击"草图绘制"按钮，开始绘制草图。

5.3.2　花键草图的建立

单击草图工具栏中的⊙按钮，选取红色坐标原点生成一个圆，可在图 5-13(a)所示左侧属性栏中设置半径为 30 mm，也可通过智能尺寸对圆进行尺寸约束。智能尺寸约束方法：单击草图工具栏中的智能尺寸按钮，光标变成带有图标的模式，代表进入智能尺寸标注，单击刚刚绘制的圆，向右方移动光标，出现圆的当前尺寸，在弹出的文本框[图 5-13(b)]中输入 60 mm，代表直径为 60 mm 的圆，单击 ✔ 按钮，画圆结束，如图 5-13(c)所示。圆为黑色，代表完全定义。单击"特征"按钮，进入特征工具栏，单击拉伸凸台/基体按钮，执行"拉伸凸台"命令，选择拉伸方式为"给定深度"，输入拉伸长度为 108 mm，单击 ✔ 按钮，完成拉伸，得到拉伸后的实心柱体，如图 5-13(d)所示。

(a)

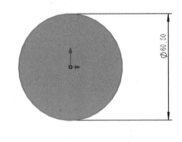

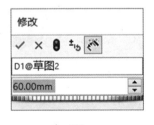

(b)

图 5-13　圆的绘制及拉伸

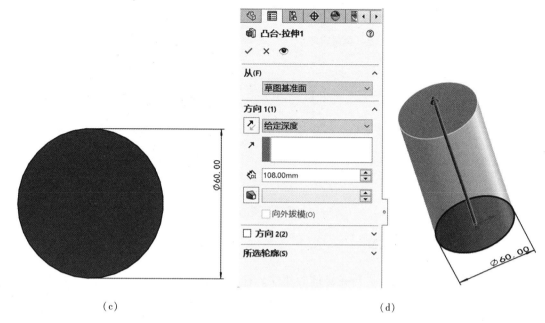

(c) (d)

图 5-13　圆的绘制及拉伸(续)

选择拉伸后的实体的任意一端面,右击,弹出如图 5-14(a)所示的快捷菜单,单击"正视于"按钮,使该面正视于屏幕,单击"草图"按钮,在草图工具栏中单击"草图绘制"按钮,开始绘制草图。

首先单击 ⁄ ▪ 按钮下三角,选择"中心线"命令[图 5-14(b)],以坐标原点为起点绘制一条水平构造线,然后单击"圆"命令,画一个直径为 45 mm 的圆,然后单击 □ 按钮下三角,选择"中心矩形"命令[图 5-14(c)],选择中心构造线与圆的交点为中心矩形中心画出一个矩形,如图 5-14(d)所示。

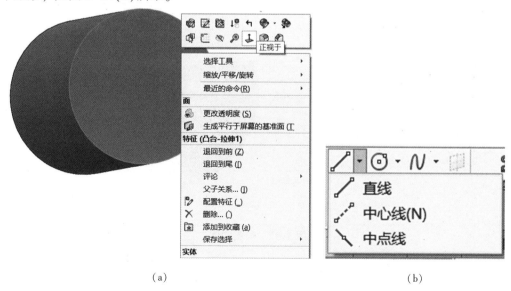

(a) (b)

图 5-14　花键草图的建立

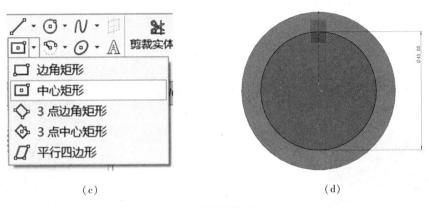

(c)　　　　　　　　　　　　　　　(d)

图 5-14　花键草图的建立(续)

5.3.3　花键槽的建立

花键草图建立完成后，进行花键槽的建立。在草图的基础上首先单击 ![剪裁实体] 按钮，在图 5-15(a)所示属性栏中，在"选项"中选择"强劲剪裁"，进行剪裁，按住鼠标左键不放，将光标滑过下方矩形和中间的圆弧，将下方一半的矩形切除，得到如图 5-15(b)所示草图。

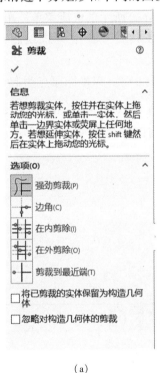

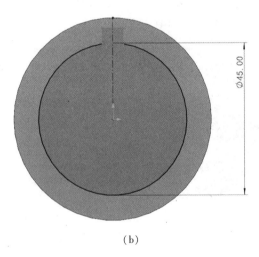

(a)　　　　　　　　　　　　　　　(b)

图 5-15　剪裁实体

然后单击草图工具栏中的 ![线性草图阵列] 按钮下三角，选择"圆周草图阵列"命令［图 5-16(a)］，输入阵列个数 10，选择 360°等间距阵列方式［图 5-16(b)］，然后再次用"剪裁实体"命令将多余圆弧进行剪裁，并对矩形部分进行尺寸约束，如图 5-16(c)所示。

选择 5-16(c)所示草图，单击特征工具栏中的 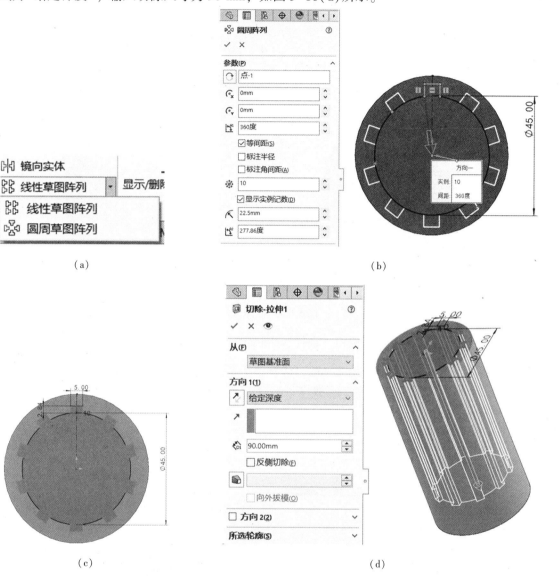拉伸切除按钮，进行拉伸切除，选择切除模式为"给定深度"，输入切除尺寸为 90 mm，如图 5-16(d)所示。

（a）

（b）

（c）

（d）

图 5-16 花键槽的建立

5.3.4 十字轴叉的建立

选择未切除面，右击，选择"正视于"，进入草图绘制，选择图 5-17(a)所示圆，单击 转换实体引用 按钮，进行转换实体引用。转换实体引用作用为：将所选图形或者线条，投影至选择进行草绘的平面。举例：垂直于草绘面的圆选择转换实体引用则在草绘面上生成一条线，好比一条直线生成一个点，但是 SolidWorks 中，转换实体引用无法生成点。

选择转换出的圆，单击特征工具栏中的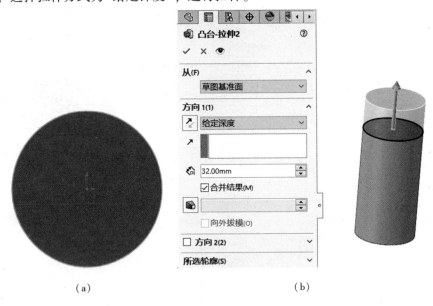按钮，如图 5-17(b)所示，输入拉伸长度为 32 mm，选择拉伸方式为"给定深度"，进行拉伸。

（a）　　　　　　　　　　　　　（b）

图 5-17　拉伸凸台

单击特征工具栏中的 参考... 按钮，选择"基准面"，进行基准面的建立。在"第一参考"中选择"右视基准面"，输入距离为 31 mm，建立一个新基准面，如图 5-18 所示。

图 5-18　基准面建立

在新建立的基准面中，进入草图绘制，选择没被切除一端，利用"中心矩形"命令绘制一个矩形，然后利用"智能尺寸"命令进行尺寸约束，约束矩形长为33 mm，宽为29 mm，中心与坐标原点竖直距离为16 mm，水平距离为0 mm，如图5-19(a)所示。

选择绘制出的矩形，单击特征工具栏中的"拉伸凸台/基体"按钮，如图5-19(b)所示，选择拉伸方式为"成形到一面"，单击圆柱面完成拉伸。

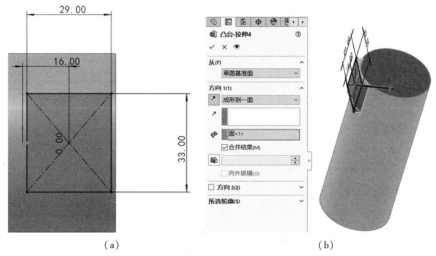

（a）　　　　　　　　　　　　（b）

图5-19　拉伸矩形凸台

选择图5-20(a)所示蓝色面为草图绘制基准面，单击"正视于"，使其面对屏幕，单击"草图"→"草图绘制"，选择"草图"中的"样条曲线"，单击 ∩ 按钮，绘制如图5-20(b)所示圆环形草图，并按图中尺寸和位置进行约束。得到待拉伸草图。

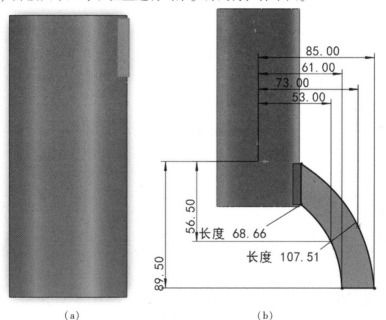

（a）　　　　　　　　　　　　（b）

图5-20　十字轴叉草图绘制

选择待拉伸草图，单击"特征"→"拉伸凸台/基体"，输入拉伸长度为33 mm，选择拉伸方式为"给定深度"，单击 ✔ 按钮完成拉伸，如图5-21所示。

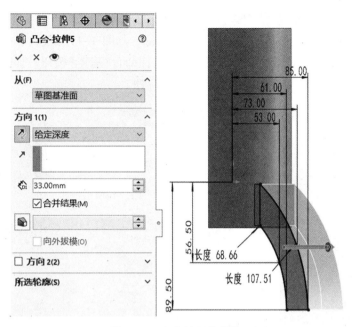

图 5-21　十字轴叉的拉伸

5.3.5　十字轴孔的建立

如图 5-22(a)所示，在拉伸出的实体上绘制一条中心线，起点于十字轴叉外端，无须对其进行尺寸约束。然后单击"基准面"，"第一参考"选择直线，"第二参考"选择外中心线段起点，建立如图 5-22(b)所示基准面。

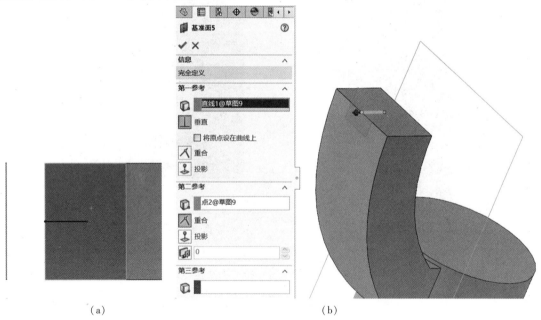

（a）　　　　　　　　　　　　　（b）

图 5-22　基准面建立

建立如图 5-23(a)所示圆，约束直径为 50 mm，圆与矩形实体两顶点固定如图 5-23(b)所示。固定约束添加方法：按住〈Ctrl〉键不松，单击圆和两点中任意一点，在左边属性栏中

单击 ⼈ 按钮，添加固定约束。

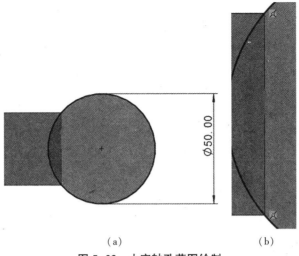

（a）　　　　　　　　　　　　（b）

图 5-23　十字轴孔草图绘制

选择建立的草图，单击"特征"→"拉伸凸台/基体"，选择拉伸方式为"给定深度"，输入拉伸长度为 24 mm，完成拉伸，如图 5-24 所示。

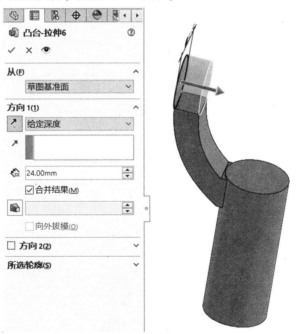

图 5-24　拉伸

在拉伸出的圆台上选择外侧一端面，建立如图 5-25（a）所示草图，将光标移至 φ50 的圆周上，面上将出现圆心，以该点为圆心画圆，其直径为 35 mm，然后单击"特征"→"拉伸切除"，选择切除方式为"给定深度"，输入切除深度为 24 mm，如图 5-25（b）所示。

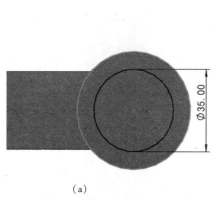

（a）

（b）

图 5-25 十字轴孔的建立

5.3.6 圆角和镜向

单击"特征"→"圆角"，选择圆角形状为圆形，分为三步圆角处理，如图 5-26 所示，按图中所给圆角大小和边的选择进行圆角处理。

（a）

（b）

（c）

图 5-26 圆角处理

选择如图 5-27(a)所示的镜向特征,以右视基准面为镜向面进行镜向处理(圆角不参与镜向)。最后得到如图 5-27(b)所示模型。

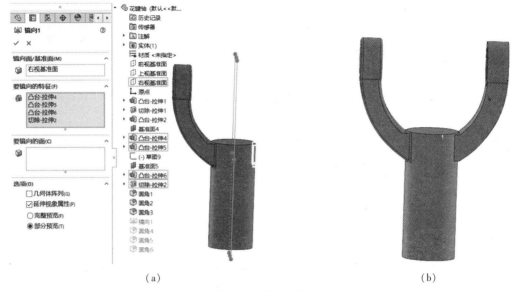

(a)   (b)

图 5-27 镜向对称

对镜向得到的特征进行相应的圆角处理,最后得到如图 5-28 所示的花键轴模型。

图 5-28 花键轴模型

5.4 传动轴建模参数

传动轴建模参数如表 5-1 所示。

表 5-1 传动轴建模参数

名称	数据	名称	数据
轴管法兰盘半径/mm	60	轴管法兰盘厚度/mm	15
轴管直径/mm	80	轴管长度/mm	1 000

续表

名称	数据	名称	数据
总长度/mm	1 030	活塞环槽宽度/mm	5
螺栓孔直径/mm	10	单个轴管法兰螺栓孔数量	4
花键轴直径/mm	60	轴身总长/mm	140
花键宽/mm	5	花键高/mm	2.84
花键数	10	花键深度/mm	90
十字轴外圆直径/mm	50	十字轴孔直径/mm	35

第6章
制动盘建模

6.1 概述

6.1.1 制动盘的功用及工作条件

盘式制动器又称为碟式制动器,相比鼓式制动器水稳定性和热稳定性更好、尺寸和质量更小。盘式制动器的主要构件为制动盘,其主要功用是与制动系统其他部件共同发挥汽车制动作用,通过制动卡钳推动摩擦衬块与之接触产生摩擦力,使行驶中的汽车减速甚至停车,使下坡行驶的汽车的车速保持在小区间的波动,以及使已停驶的汽车在原地或坡道上驻留不动。制动卡钳上的摩擦衬块在汽车正常行驶时和制动盘具有一定间隙,所以制造过程中需要保证制动盘端面圆跳动及两端面平行度符合相关标准,在工作过程中不能存在变形和扭曲,否则会出现卡死、损坏等不良后果。制动盘在制动过程中与摩擦衬块紧密接触,把动能转化为热能,在此过程中,有较大的温升。过高的温度会引起制动系统失效,制动力显著下降,还会出现制动盘由于应力过大而开裂的现象。制动盘不单单受热应力影响,还受摩擦力和卡钳正压力的影响,这些力并非简单的矢量叠加,而是存在复杂的耦合关系。因此,要求制动盘具有良好的散热,较高的刚度、强度和耐磨性。制动盘散热主要为空气对流换热,所以制动盘上应加大通风面积,提高散热效率。

6.1.2 制动盘材料

现代普通家用型汽车制动盘材料大多采用灰铸铁,又或是添加了 Cr、Ni 的合金铸铁。对于高级轿车甚至跑车,其制动盘材料有高碳合金、碳纤维、碳陶等。相比这些材料,灰铸铁在保证制动性能的同时降低了制作成本,性价比最高,应用最广泛。

6.1.3 制动盘构造

制动盘可分为摩擦盘、轮毂法兰、通风孔。
摩擦盘大小与汽车车轮尺寸有关,通常车轮直径越大,摩擦盘越宽。有些制动盘摩擦盘位置打有大小均匀的通风孔,不仅能提高通风还能使摩擦碎屑从孔排出。而有些制动盘只在圆周上开有径向的通风孔。也存在两者兼备的制动盘,这种制动盘无疑通风效果更好,综合性能更佳。还存在摩擦盘端面开弧形槽的制动盘。

制动盘上有轮毂法兰，用于螺栓连接固定，使制动盘和车桥上的轴承连接。

6.1.4　制动盘的表面处理

刹车盘基本上没有热处理，都是通过铸造保温等方式消除应力。刹车盘表面处理主要是为了防锈，主要防锈方式如下。

（1）防锈油。

（2）气相防锈，防锈纸、防锈袋。

（3）磷化，锌铁系、锰系磷化等。

（4）喷漆，采用水性防锈漆。

（5）达克罗、交美特等表面处理技术。

（6）电泳漆，先全部做电泳漆，然后再加工刹车面。

（7）碳氮共渗。

碳氮共渗是目前最新表面处理方式，主要作用还是防锈。通用汽车碳氮共渗层厚度要求为 0.1~0.3 mm。

6.2　制动盘建模方法

制动盘的建模方法如下。

6.2.1　初始准备

双击桌面 SolidWorks 图标进入初始界面，在菜单栏单击"文件"→"新建"或按〈Ctrl+N〉组合键，选择"零件"单击"确定"按钮，进入 SolidWorks 操作界面，在设计树中右击"前视基准面"，在弹出的快捷菜单中，单击"正视于"命令🡙，以前视基准面为参考平面，使前视基准面正对屏幕，然后单击"草图"→"草图绘制"，进入草图绘制界面。

6.2.2　绘制轮廓线

单击 ⊙ ▾ 按钮下三角，选择"圆"命令，然后单击前视基准面红色坐标原点画出制动盘外圆轮廓，如图 6-1（a）所示。单击"智能尺寸"按钮，定义直径为 288 mm，如图 6-1（b）所示，圆由蓝色变成黑色表示完全定义。

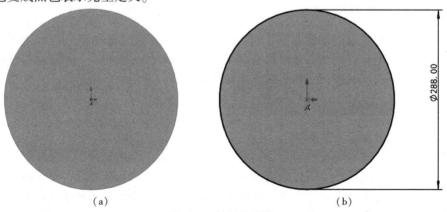

（a）　　　　　　　　　　　　　　（b）

图 6-1　绘制轮廓线

单击特征工具栏中的 按钮，选择拉伸方式为"给定深度"，单击 按钮，在其后文本框中输入 10 mm，其他选项默认，如图 6-2 所示。得到拉伸后的实体如图 6-3 所示。

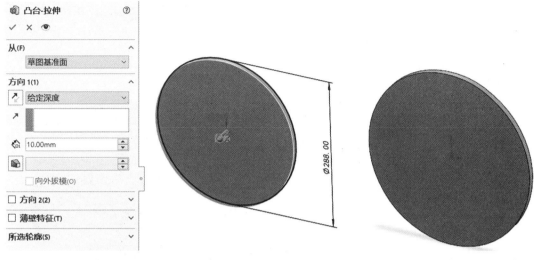

图 6-2　拉伸设置　　　　　　　　　　　　　　　　图 6-3　拉伸后实体

如图 6-4 所示，选择所得实体任意一端面，右击，在弹出的快捷菜单中选择"正视于"命令 ，使实体正视于屏幕，然后使用相同方法绘制一个直径为 161 mm 的圆。

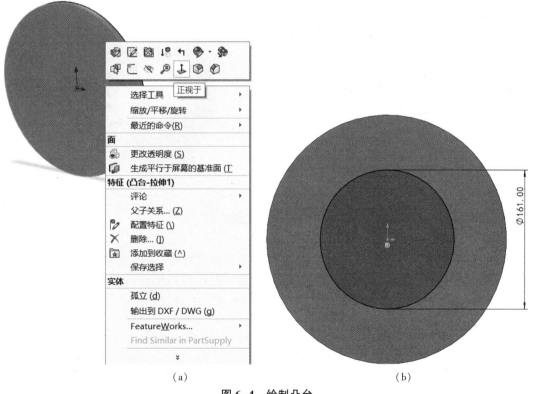

（a）　　　　　　　　　　　　　　　　　　（b）

图 6-4　绘制凸台

如图 6-5 所示，单击特征工具栏中的 拉伸切除 按钮，进行切除拉伸。输入切除深度为 1 mm，得到切除后实体。在新切除得到的圆面上新建立直径为 135 mm 的圆，以新建的圆为切除目标进行切除，输入切除深度为 9 mm，也就是完全贯穿模型，得到切除后的实体模型。

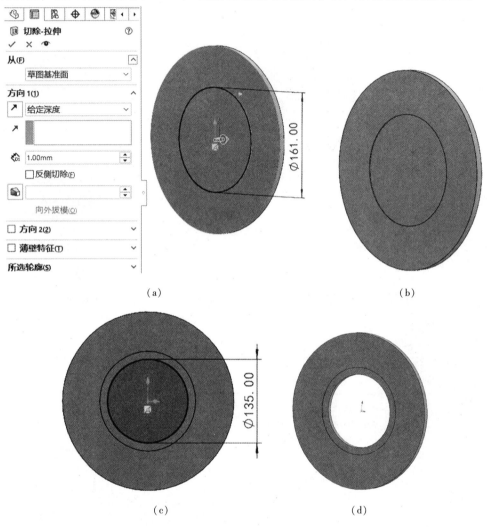

（a）　　　　　　　　　　　　　　（b）

（c）　　　　　　　　　　　　　　（d）

图 6-5　拉伸切除操作

拉伸和切除注意事项：

SolidWorks 中可对一条线段进行拉伸（但需要对其定义厚度），也可对一个封闭草图进行拉伸。但是，对于一条直线，无法进行切除，只能对封闭的图形进行切除，并且"切除"命令需要在实体上进行。拉伸与切除时，用户可自定义方向，通过绘图区域的箭头控制。

6.2.3　轮毂法兰的建立

选取未被切除的端面进行草图绘制，选择内圈圆弧，单击 转换实体引用 按钮，进行转换实体引用，得到一个已经完全定义的圆。绘制一个直径为 148.25 mm 的同心圆，并利用"智能尺寸"命令进行尺寸约束，如图 6-6（a）所示。选择圆环区域进行拉伸，输入拉伸长度为

46.33 mm，如图 6-6(b)所示。接伸完成，得到如图 6-6(c)所示圆柱。选择圆柱端面进行草图绘制，对圆柱进行如图 6-6(d)所示的转换实体应用，得到圆柱外圈圆，然后单击"特征"→"拉伸凸台/基体"，输入拉伸长度为 7.2 mm，如图 6-6(e)所示。拉抻完成，得到如图 6-6(f)所示实体模型。选择拉伸出的新平面绘制草图，绘制一个直径为 68 mm 的圆[图 6-6(g)]，单击"特征"→"拉伸切除"，切除方式选择"完全贯穿"[图 6-6(h)]。切除完成，得到如图 6-6(i)所示轮毂法兰。

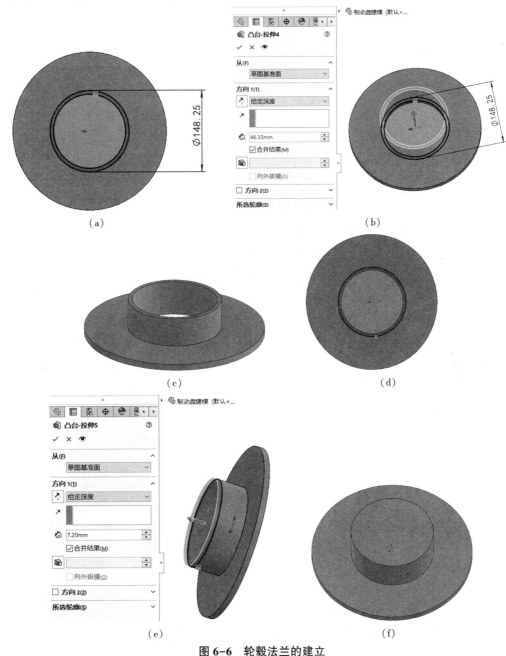

图 6-6　轮毂法兰的建立

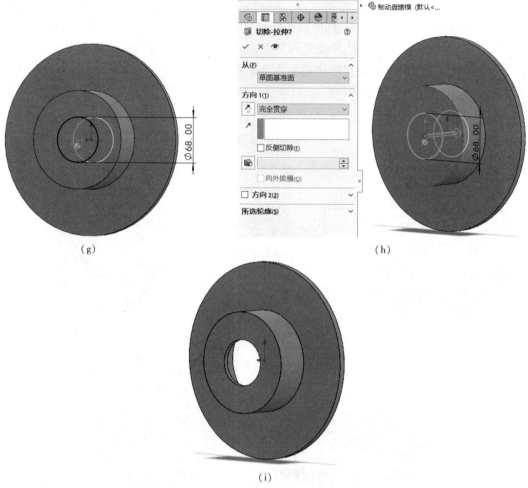

（g）　　　　　　　　　　　　（h）

（i）

图 6-6　轮毂法兰的建立（续）

在图 6-7（a）所示表面任意位置绘制一个圆，然后利用"智能尺寸"命令对其进行位置约束。约束圆直径为 15.3 mm，与坐标原点水平距离为 56 mm，垂直距离为 0 mm。

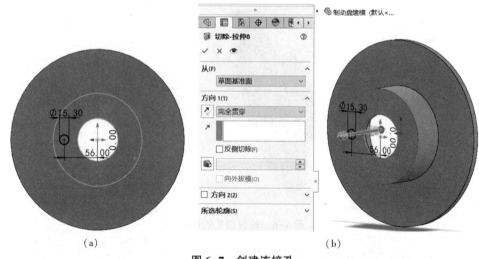

（a）　　　　　　　　　　　　（b）

图 6-7　创建连接孔

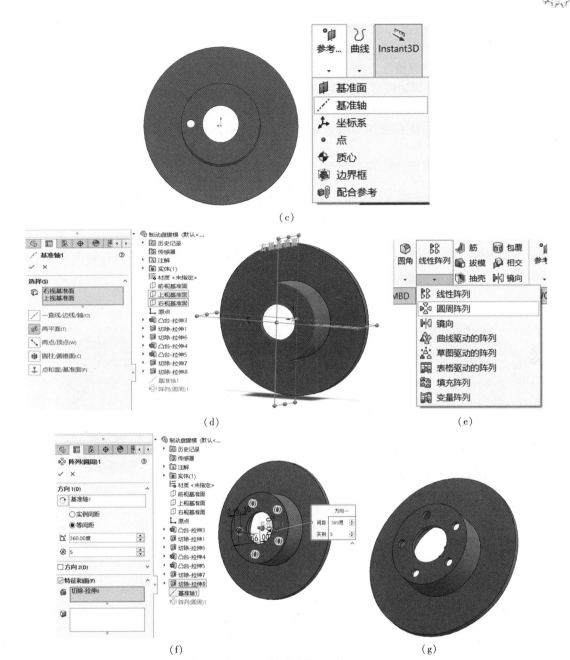

图6-7 创建连接孔(续)

然后单击"特征"→"拉伸切除",选择"完全贯穿",得到一个孔,如图6-7(b)所示。然后单击特征工具栏中的 参考... 按钮下三角,选择"基准轴"[图6-7(c)],建立一条基准轴。单击"上视基准面"和"右视基准面",两平面交于一条线,这就是所建立的基准轴,如图6-7(d)所示。单击特征工具栏中的 线性阵列 按钮下三角,选择"圆周阵列"[图6-7(e)],以基准轴为参考,选择在360°范围内等距离阵列5个切除孔[图6-7(f)]。得到图6-7(g)所示轮毂法兰。

基准平面和基准轴的用途:

①作为放置特征的平面；②作为尺寸标注的参考；③作为视角方向的参考；④作为定义组件的参考；⑤放置标签注释；⑥产生剖视图。

如图 6-8 所示，在摩擦盘表面建立草图，以坐标原点为圆心，绘制一个直径为 161 mm 的圆，然后以摩擦盘外圆边线进行转换实体引用，得到一个同心圆环。单击"特征"→"拉伸凸台/基体"，选择圆环区域为拉伸目标，向外拉伸 15 mm。

如图 6-9 所示，选择右视基准面建立草图，单击草图工具栏中 按钮下三角，选择 "中心矩形"，建立对称的，长为 24 mm、宽为 10 mm 的矩形。单击特征工具栏中 旋转切除 按钮，选取上述基准轴为参考，输入切除范围为 15°，进行旋转切除，如图 6-10(a) 所示。切除完成，得到图 6-10(b) 所示实体模型。再单击特征工具栏中 圆角 按钮，执行"圆角"命令，单击 按钮设置恒定大小圆角，选择如图 6-10(c) 所示四条边线，在 图标右侧文本框中输入半径为 2 mm，完成圆角操作。

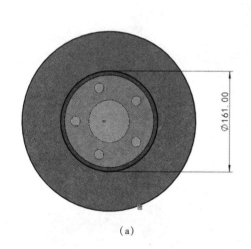

(a)

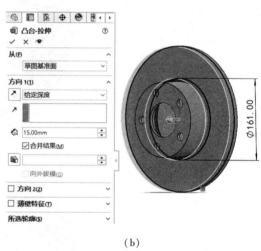

(b)

图 6-8 拉伸圆环

(a)

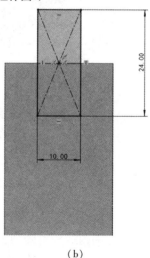

(b)

图 6-9 绘制矩形

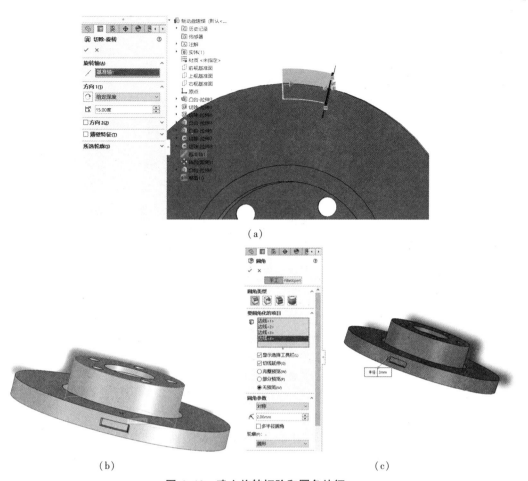

（a）

（b）　　　　　　　　　　　　　　　　　　（c）

图 6-10　建立旋转切除和圆角特征

以当前所建基准轴为参考，将上述旋转切除和圆角特征作为阵列对象进行圆周阵列。选择 360°等间距阵列，阵列数目为 20 个［图 6-11（a）］。单击"右视基准面"进行草图绘制，绘制如图 6-11（b）所示草图。然后进行旋转切除，以所建基准轴为参考，切除范围为 360°，如图 6-11（c）所示。

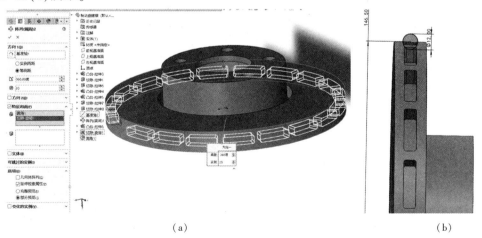

（a）　　　　　　　　　　　　　　　　　　（b）

图 6-11　建立圆周阵列及旋转切除特征

（c）

图 6-11　建立圆周阵列及旋转切除特征（续）

6.2.4　轴向通风孔的建立

单击"正视于"按钮，使摩擦盘正视于屏幕，以摩擦盘表面为基准面建立长为 46 mm、宽为 30 mm 的矩形，其中心距离原点竖直距离为 110 mm、水平距离为 0 mm，如图 6-12 所示。

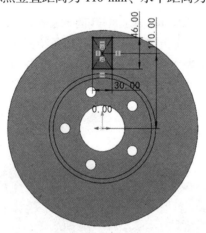

图 6-12　绘制矩形

单击草图工具栏中的 按钮，在右侧属性栏中选择"三点圆弧"[图 6-13（a）]，以矩形对角两端点为 1、2 两点，第三个点任意选取。单击草图工具栏中 显示/删除几何关系 按钮，进行矩形与圆弧的位置约束，选择圆弧 1 和直线 4，单击"相切"[图 6-13（b）]。操作完成，得到完全定义的草图，如图 6-14（c）所示。

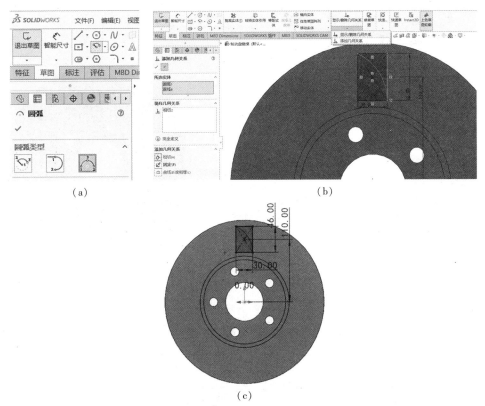

(a)　　　　　　　　　　　　　(b)

(c)

图 6-13　绘制圆弧

如图 6-14 所示。按住〈Ctrl〉键不松，单击矩形 4 条边，左边出现属性栏，勾选"作为构造线"，再新建立草图，以矩形端点为圆心绘制直径为 6 mm 的圆，然后单击"特征"→"拉伸切除"，选择"完全贯通"，切除出一个轴向通风孔。单击特征工具栏中的"线性阵列"按钮下三角，选择"曲线驱动的阵列"［图 6-15（a）］。单击图 6-15（b）左侧属性栏中的"等间距"，此时距离被锁定，无法更改。输入阵列个数为 6 个，以上述建立在矩形中的圆弧为阵列路径，"切除-拉伸 10"作为阵列目标，单击 ✔ 按钮，得到图 6-16（c）所示实体模型。

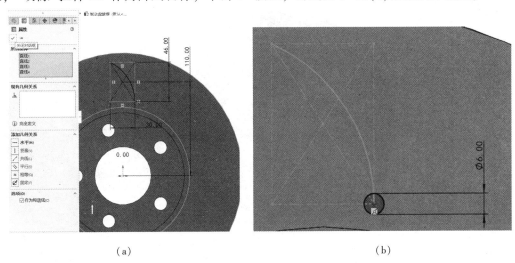

(a)　　　　　　　　　　　　　(b)

图 6-14　创建构造线

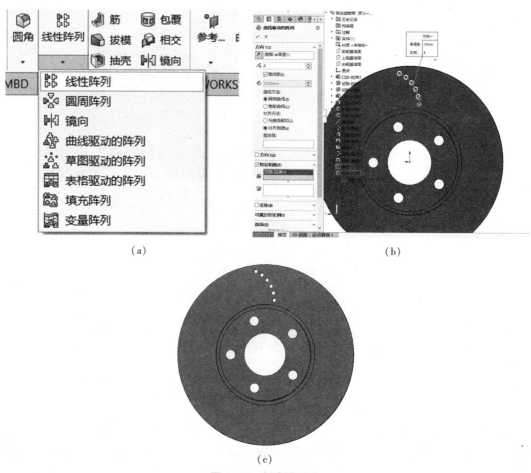

（a）　　　　　　　　　　　　　（b）

（c）

图 6-15　创建通风孔

利用"圆周阵列"，同样以所建基准轴为参考，进行 360°等间距阵列，阵列数为 20，得到 20 组通风孔，如图 6-16（a）所示。最后得到粗糙的制动盘模型，如图 6-16（b）所示。

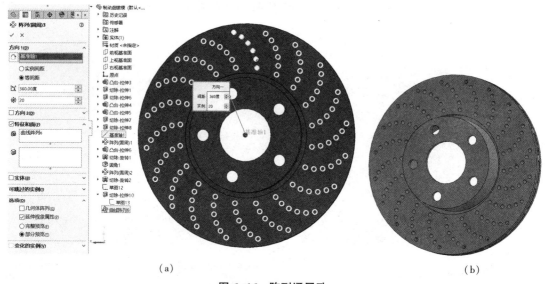

（a）　　　　　　　　　　　　　　　　　（b）

图 6-16　阵列通风孔

最后对制动盘边角进行圆角美化。设置圆角半径为 3 mm，对所选各边进行圆角，如图 6-17 所示。

图 6-17　圆角美化

最后得到材料为灰铸铁的制动盘模型，如图 6-18 所示。

图 6-18　制动盘模型

6.3　制动盘建模参数

制动盘建模参数如表 6-1 所示。

表 6-1　制动盘建模参数

名称	数据	名称	数据
摩擦盘厚度/mm	25	直径/mm	288
轮毂厚度/mm	6.63	旋转角度/(°)	360

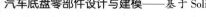

名称	数据	名称	数据
轮毂高度/mm	46.33	制动盘径向通风口宽度/mm	10
轴向通风孔数	120	径向通风孔数	20
螺栓孔数	6	螺栓孔大小/mm	15.3
径向通风口圆角尺寸/mm	2	轮毂法兰中心孔/mm	68
轴向通风孔尺寸/mm	6	径向通风口切除角度/(°)	15

第7章
齿轮建模

7.1 概述

7.1.1 齿轮在汽车底盘上的应用

齿轮在汽车底盘中扮演着核心传动角色,主要应用在以下方面。

(1)变速箱。变速箱是汽车动力传输的核心部件,其中,齿轮发挥着不可替代的作用。它们通过精准的组合,巧妙地改变发动机输出的扭矩和转速,确保汽车在各种驾驶条件下都能获得最佳的动力表现。正是这些齿轮的精密运作,使汽车能够在不同速度下平稳行驶,换挡操作也变得轻松自如。

(2)传动轴。传动轴作为连接变速箱和驱动轮的桥梁,其中的齿轮同样至关重要。它们承载着传递动力的重任,确保动力从变速箱顺利地传递到车轮,使汽车能够顺畅地行驶在道路上。

(3)转向系统。转向系统中的齿轮也是不可或缺的。它们将驾驶员的转向操作精准地转化为车轮的转向动作,让驾驶变得更加轻松、安全。无论是高速行驶还是低速转弯,转向齿轮都能确保车轮的转向角度准确无误。

(4)座椅调节。汽车座椅的调节机构也离不开齿轮的助力。它们通过精确的调节,让乘客能够找到最舒适的坐姿,享受愉快的驾驶体验。

因此,齿轮在汽车中起到了传递动力、改变转速和扭矩、控制运动等重要作用,是汽车正常运行所必不可少的组成部分。

本书以直齿轮为例进行介绍。

7.1.2 齿轮传动的特点与分类

齿轮传动是应用最为广泛的一种传动形式,与其他传动形式相比,优点是传递的功率大、速度范围广、效率高,工作可靠,寿命长,结构紧凑,能保证恒定传动比;缺点是制造及安装精度要求高,成本高,不适用于两轴中心距过大的传动。

齿轮传动按轴线相互位置可分为平面齿轮传动和空间齿轮传动。其中,平面齿轮传动按齿轮方向可分为直齿轮传动、斜齿轮传动和人字齿轮传动;按啮合方式可分为外啮合传动、内啮合传动和齿轮齿条传动。空间齿轮传动又分为锥齿轮传动、交错轴斜齿轮传动和蜗杆蜗轮传动。

齿轮传动按齿轮是否封闭，又分为开式齿轮传动、半开式齿轮传动和闭式齿轮传动。汽车、发动机等所用的齿轮，都装在经过精密加工且封闭严密的箱体内，称为闭式齿轮传动。它与开式或半开式齿轮传动相比，润滑及防护等条件最好，多用于重要的场合。在农业机械和简易的机械设备中，有一些齿轮没有防尘罩或机壳，完全暴露在外面，称为开式齿轮传动。这种传动不仅外界杂物极易侵入，而且润滑不良，因此工作条件不好，轮齿也容易磨损，只适用于低速传动。当齿轮装有简单的防护罩，有时大部分齿轮还被浸入油池中，则称为半开式齿轮传动。这种传动的工作条件虽有改善，但仍不能做到严密防止外界杂物侵入，润滑条件也不算最好。

7.1.3 常用齿轮材料

常用的齿轮材料主要包括锻钢、铸钢和铸铁等。

（1）锻钢。锻钢的韧性好，耐冲击，还可通过热处理或化学热处理改善其力学性能和提高其硬度，故适合用来制造齿轮。除尺寸过大或结构形状过于复杂的齿轮宜采用铸钢制造外，一般都用锻钢制造齿轮，常用的是含碳量在 0.15%～0.6% 的碳钢或合金钢。齿轮根据齿面硬度分为两大类：硬度小于 350 HBW 时，称为软齿面；硬度大于或等于 350 HBW 时，称为硬齿面。

（2）铸钢。当齿轮直径 $d>400$ mm，结构复杂，锻造有困难时，可采用铸钢制造。常用铸钢的型号为 ZG45、ZG55。铸钢的耐磨性及强度均较好，但应经退火及常化处理，必要时也可进行调质。

（3）铸铁。铸铁性质较脆，抗胶合及抗点蚀能力强，但抗冲击耐磨性差。采用铸铁制造的齿轮常用于工作平稳，功率不大，低速或尺寸较大、形状复杂的场合，能在缺油条件下工作，适用于开式齿轮传动。

7.2 齿轮建模方法

7.2.1 齿轮1建模方法

齿轮 1 的建模方法如下。

（1）打开 SolidWorks，单击右侧的设计库，选择"Toolbox"选项，再依次双击"GB""动力传动"和"齿轮"图标，如图 7-1 所示。

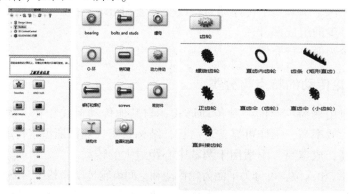

图 7-1 "Toolbox"选项

右击"正齿轮"，选择"生成零件"选项，在左侧属性栏中设置齿轮的参数："模数"为"3"，"齿数"为"120"，"压力角"为"20"，"面宽"为"21"，"毂样式"为"类型 A"，"标称轴直径"为"40"。然后按〈Enter〉键或单击右上角或左边的 ✔ 按钮，如图 7-2 所示。

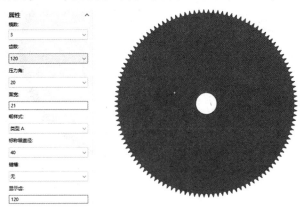

图 7-2　设置直齿轮 1 参数

（2）单击"草图"→"圆"，选择齿轮的一个端面作为基准面，以中间原点为圆心画一个半径为 150 mm 的圆，如图 7-3 所示。

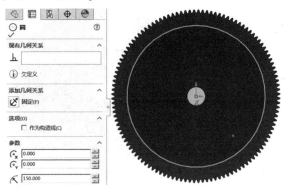

图 7-3　绘制半径为 150 mm 的圆

再次以中间原点为圆心画一个半径为 40 mm 的圆，如图 7-4 所示。

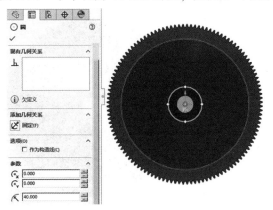

图 7-4　绘制半径为 40 mm 的圆

单击"特征"→"拉伸切除",设置拉伸切除深度为 7 mm,然后按〈Enter〉键或单击右上角或左边的 ✔ 按钮,如图 7-5 所示。

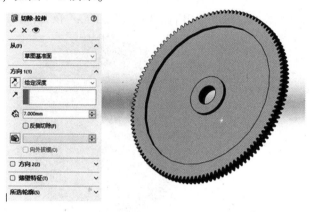

图 7-5 定义凹槽 1

(3)在凸台的另一面以步骤(2)的方法画出大小相同的凹槽。

(4)单击"草图"→"中心线",选择齿轮凹槽的一端面作为基准面,以中间原点为起点,画一条长度为 90 mm 的直线并设置为"作为构造线",如图 7-6 所示。

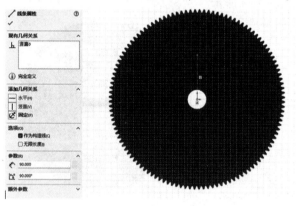

图 7-6 绘制中心线 1

再单击"草图"→"圆",以直线的终点为圆心,画一个半径为 40 mm 的圆,如图 7-7 所示。

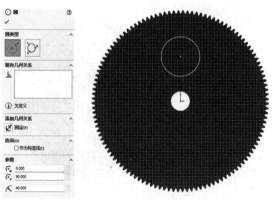

图 7-7 绘制半径为 40 mm 的圆

单击"草图"→"圆周阵列"，绕点1，选择"等间距"，个数为"4"，阵列实体为半径为40 mm 的圆，然后按〈Enter〉键或单击右上角或左边的 ✔ 按钮，如图7-8 所示。

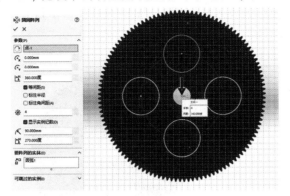

图7-8　圆的阵列1

单击"特征"→"拉伸切除"，"方向1"设置为"完全贯穿"，单击要贯穿的图形，然后按〈Enter〉键或单击右上角或左边的 ✔ 按钮，如图7-9 所示。

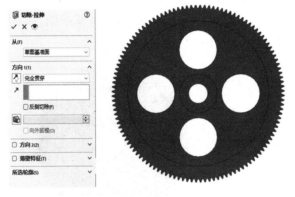

图7-9　圆孔的切除1

至此，简易的齿轮1模型制作完成，如图7-10所示。

图7-10　齿轮1模型

7.2.2　齿轮2建模方法

齿轮2建模方法如下。

（1）打开 SolidWorks，单击右侧的设计库，选择"Toolbox"选项，再依次双击"GB""动力传动"和"齿轮"图标。

右击"正齿轮"，选择"生成零件"选项，在左侧属性栏中设置齿轮的参数："模数"为"3"，"齿数"为"100"，"压力角"为"20"，"面宽"为"21"，"毂样式"为"类型 A"，"标称轴直径"为"40"。然后按〈Enter〉键或单击右上角或左边的 ✔ 按钮，如图 7-11 所示。

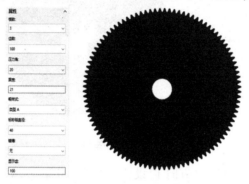

图 7-11　设置直齿轮 2 参数

（2）单击"草图"→"圆"，选择齿轮的一个端面作为基准面，以中间原点为圆心画一个半径为 35 mm 的圆，如图 7-12 所示。

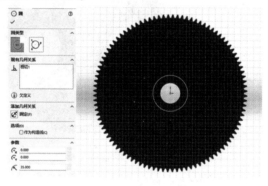

图 7-12　绘制半径为 35 mm 的圆

再次以中间原点为圆心画一个半径为 130 mm 的圆，如图 7-13 所示。

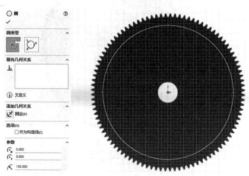

图 7-13　绘制半径为 130 mm 的圆

单击"特征"→"拉伸切除"，设置拉伸切除深度为"7 mm"，然后按〈Enter〉键或单击右

上角或左边的 ✔ 按钮，如图 7-14 所示。

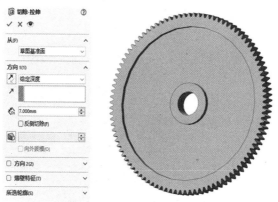

图 7-14　定义凹槽 2

（3）在凸台的另一面以步骤（2）的方法画出大小相同的凹槽。

（4）单击"草图"→"中心线"，选择齿轮凹槽的一端面作为基准面，以中间原点为起点，画一条长度为 75 mm 的直线并设置为"作为构造线"，如图 7-15 所示。

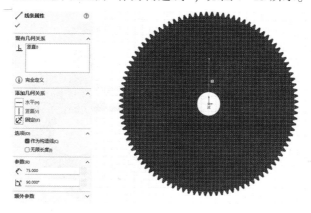

图 7-15　绘制中心线 2

再单击"草图"→"圆"，以直线的终点为圆心，画一个半径为 35 mm 的圆，如图 7-16 所示。

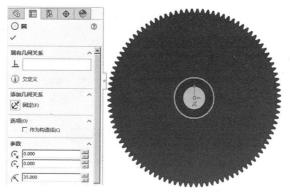

图 7-16　绘制半径为 35 mm 的圆

单击"草图"→"圆周阵列"，绕点 1，选择"等间距"，个数为"3"，阵列实体为半径为 35 mm 的圆，然后按〈Enter〉键或单击右上角或左边的 ✔ 按钮，如图 7-17 所示。

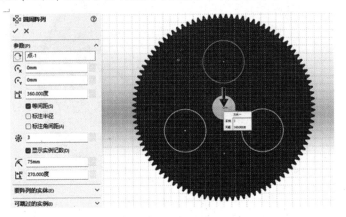

图 7-17　圆的阵列 2

单击"特征"→"拉伸切除"图标，"方向 1"设置为"完全贯穿"，单击要贯穿的图形，然后按〈Enter〉键或单击右上角或左边的 ✔ 按钮，如图 7-18 所示。

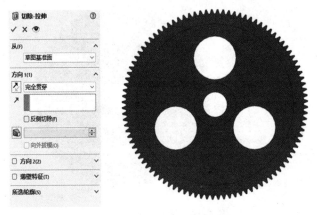

图 7-18　圆孔的切除 2

至此，简易的齿轮 2 模型制作完成，如图 7-19 所示。

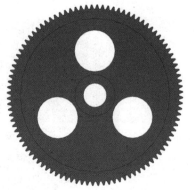

图 7-19　齿轮 2 模型

7.3 齿轮装配方法

齿轮装配方法如下。

（1）打开 SolidWorks，单击"文件"→"新建"→"装配体"，单击装配体栏中的"插入零部件"，将"齿轮1"和"齿轮2"插入，然后按〈Enter〉键或单击右上角或左边的 ✔ 按钮，如图7-20所示。

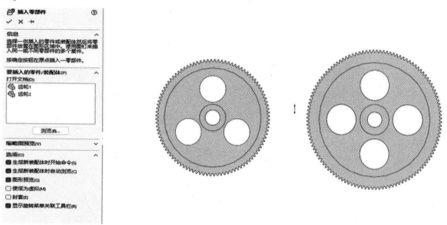

图7-20　插入齿轮

（2）选择齿轮1的"Origin"与"原点"配合，"标准配合"选择"重合"，然后按〈Enter〉键或单击右上角或左边的 ✔ 按钮，如图7-21所示。

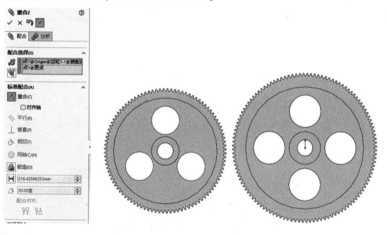

图7-21　固定齿轮1

选择齿轮1的"Plane3"与"右视基准面"配合，"标准配合"选择"重合"，然后按〈Enter〉键或单击右上角或左边的 ✔ 按钮，如图7-22所示。

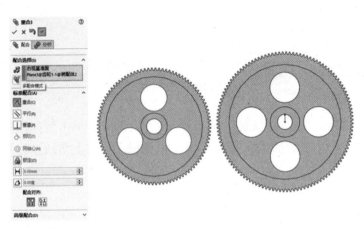

图 7-22　固定齿轮面

（3）选择齿轮 1 的中心面与齿轮 2 的中心面配合，"标准配合"选择"圆心距离"，数值为 330 mm，然后按〈Enter〉键或单击右上角或左边的 ✔ 按钮，如图 7-23 所示。

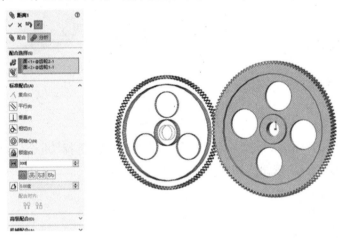

图 7-23　设置中心距

（4）单击装配体栏中的"配合"选项，选择"高级配合"中的"宽度"，分别选中齿轮 1、齿轮 2 的两面，然后按〈Enter〉键或单击右上角或左边的 ✔ 按钮，如图 7-24 所示。

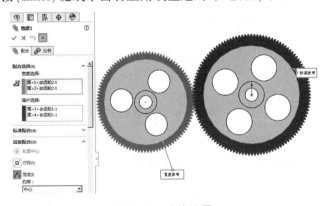

图 7-24　宽度设置

（5）先将齿轮 1 和齿轮 2 移动至完全啮合，如图 7-25 所示。

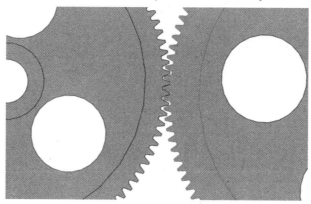

图 7-25　齿轮啮合

单击装配体栏中"配合"选项，选择"机械配合"中的"齿轮"，选中齿轮 1、齿轮 2，"比率"分别为"100"和"120"，然后按〈Enter〉键或单击右上角或左边的 ✔ 按钮，如图 7-26 所示。

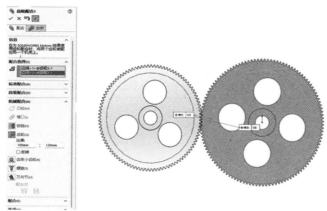

图 7-26　齿轮配合

至此，简易的齿轮啮合完成，如图 7-27 所示。

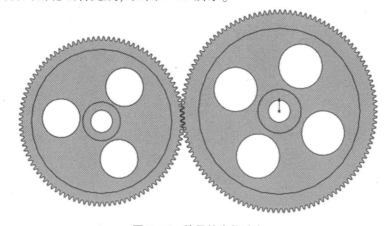

图 7-27　简易的齿轮啮合

7.4 齿轮建模参数

齿轮 1、齿轮 2 建模参数分别如表 7-1、表 7-2 所示。

表 7-1 齿轮 1 建模参数

名称	数据	名称	数据
齿轮模数/mm	3	中心孔半径/mm	20
齿轮齿数	120	孔数	4
齿轮厚度/mm	21	孔半径/mm	40
齿槽深度/mm	7	孔圆心距原点距离/mm	90

表 7-2 齿轮 2 建模参数

名称	数据	名称	数据
齿轮模数/mm	3	中心孔半径/mm	20
齿轮齿数	100	孔数	3
齿轮厚度/mm	21	孔半径/mm	35
齿槽深度/mm	7	孔圆心距原点距离/mm	75

第8章
制动鼓建模

8.1 概述

鼓式制动器最先出现在制动系统中，具有工艺成熟、造价便宜、寿命长等特点，其制动力度大、制动效果好，被广泛应用在商用车和部分乘用车上，是目前汽车上常见的制动器之一。鼓式制动器通过液压或机械传动机构驱使制动蹄将摩擦片紧贴在制动鼓内表面或外表面，从而产生制动力矩，实现动能向热能转化的过程。常见的鼓式制动器是内张式，将制动蹄安装于制动鼓内，可以有效防止泥沙灰尘和油水进入影响制动效果。

8.1.1 鼓式制动器原理及特点

鼓式制动器常见结构有制动鼓、制动蹄、制动缸、回位弹簧、调节杆、底板等。

制动鼓通过螺栓与车轮连接，要有足够的刚度和强度，其内部应有足够空间确保其他部件的安装，同时要为摩擦片提供足够的接触内壁，还要具备密闭性能；制动蹄为摩擦片提供依附表面，实现摩擦片与制动鼓的贴合与分离功能；摩擦片通常铆接或粘连固定在制动蹄外圆弧面；制动缸属于促动装置，内含刹车油，制动时通过刹车油的压力推动内部活塞移动，从而推动制动蹄张开，实现摩擦片与制动鼓贴合；回位弹簧与制动鼓相反，其作用为实现制动蹄回位；调节杆用于调整制动蹄与制动鼓之间的间隙，保证制动响应时间；底板用于为其他部件提供的安装和限位，同时阻隔行驶过程中的泥水、砂石和灰尘。

以液压驱动的鼓式制动器为例，当制动时制动踏板作用力经真空助力器助力后传递到制动主缸，制动主缸将液压油泵入制动管和制动软管，在液压压力的作用下，制动轮缸活塞推动制动蹄外张，使摩擦片与制动鼓接触挤压产生摩擦力迫使制动鼓的转速下降，从而降低车速，最终使车辆停止行驶。当解除制动力时，液压系统的液压压力下降，在回位弹簧的作用下，制动轮缸活塞回位，摩擦片与制动鼓分离，两者间的摩擦力消失。

相对盘式制动器来说，鼓式制动器的制动效能、散热性和排水性要差许多；制动力稳定性差，在不同路面上制动力变化很大，不易于掌控；散热性能差，在制动过程中会聚集大量的热量，使制动鼓温度迅速上升，摩擦片和制动鼓在高温影响下易发生变形，容易引起制动衰退和振抖现象，导致制动效率下降，甚至出现爆胎和轮胎燃烧。另外，鼓式制动器在使用一段时间后，要定期调校制动蹄的空隙，在后期保养时要把整个制动鼓拆分，清理内部累积的摩擦片粉，并定期更换制动蹄。当然，鼓式制动器也有优点，其造价便宜、制动力矩大，同等制动力下，其尺寸要小于盘式制动器。

汽车制动过程中，由于惯性原理，前轮的负荷占汽车全部负荷的 70%～80%，要想快速停车，需要前轮制动力大、响应时间快，而后轮起辅助制动作用。大多轿车生产厂家为了节省成本，采用前盘后鼓的制动方式。而许多商用车、重型车，由于车速一般不是很高，且鼓式制动器的寿命比盘式制动器长，至今仍使用四轮鼓式的设计。

8.1.2　制动鼓材料和结构

制动鼓是鼓式制动器中的重要构件，属于保安件和易损件。制动鼓应具有足够的强度、刚度和热容量，与摩擦片材料相匹配时应具有较高的摩擦系数，使用时耐热性、散热性良好。目前我国已成为汽车生产大国和使用大国，每年制动鼓的需求量很大。制作制动鼓的材料一般为灰铸铁，具有易加工、耐磨、热容量大等优点。为了防止制动鼓在工作时变形，制动鼓的外圆周上常铸有加强筋，以加强制动鼓整体刚性，扩大散热效果。制动鼓的壁厚往往根据经验选取，轿车制动鼓的壁厚为 7～12 mm，卡车为 13～18 mm。

8.1.3　制动鼓制造工艺

传统制动鼓制造工艺包括浇注工艺和铸造工艺。其中外缘浇注时，容易导致紊流和不同部位温度差异大，从而引起铸件气孔、缩孔和材质性能不均匀等问题，不能满足新技术要求；且浇注得到的制动鼓的金相组织、石墨形态也不能达到要求，导致制动鼓的强度低、耐磨性能差、使用寿命短、加工性能差、硬度偏高；该制动鼓在使用中易过早出现裂纹，尤其是在刹车过程中易产生异响和抖动，造成产品的使用效果差、可靠性下降。铁型覆砂工艺制造与普通黏土砂型制造工艺相比，可以明显减少砂眼和缩孔等缺陷，但黏土砂型铸造工艺具备生产成本低、生产和适应性强等优点，目前应用较多。

8.1.4　制动鼓的表面处理

制动鼓表面处理包括内外表面，外表面主要是为了防锈，属于非接触面防锈，而内表面主要是为了减小表面粗糙度值和耐热。具体如下。

（1）防锈油。

（2）气相防锈，防锈纸、防锈袋。

（3）磷化，锌铁系、锰系磷化等。

（4）喷漆，采用水性防锈漆。

（5）电泳漆，先全部做电泳漆，然后再加工刹车面。

（6）碳氮共渗。

碳氮共渗是目前最新处理方式，主要作用还是防锈。通用汽车碳氮共渗层厚度要求为 0.1～0.3 mm。

8.2　制动鼓建模方法

制动鼓作为部分汽车制动系统的关键零部件，其结构分析、优化、设计等可借助计算机软件实现，采用 SolidWorks 软件对其进行三维建模，建模方法如下。

（1）双击 SolidWorks 图标进入初始界面，在菜单栏单击"文件"→"新建"或按〈Ctrl+N〉组合键，选择"零件"，单击"确定"按钮，进入 SolidWorks 操作界面，在设计树中右击"前视基准面"，在弹出的快捷菜单中，单击"正视于"命令 ⬆，以前视基准面为参考平面，使前视基准面正对屏幕，然后单击草图工具栏中的 草图绘制 按钮，进入草图绘制界面。

（2）绘制轮廓线。单击 ✎ ▾ 按钮下三角，选择"中心线"，然后从前视基准面坐标原点处画出一条中心线，如图 8-1（a）所示。再选择"直线"，平行于中心线上方画出直线，并利用"智能尺寸"命令，定义尺寸为 217 mm，再定义直线到中心线的距离为 205 mm。单击 ⟲ ▾ 按钮下三角，选择"三点圆弧"，从直线左末端画出角度为 90°、半径为 3 mm 的圆弧，按照逆时针方向，依次选择"直线""三点圆弧"，按照如图 8-1（b）所示尺寸定义作出封闭轮廓草图。

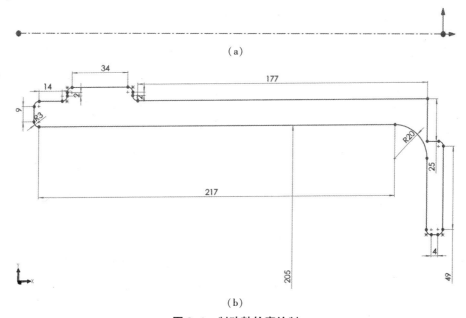

图 8-1　制动鼓轮廓绘制

（a）绘制中心线；（b）绘制轮廓并确定尺寸

单击特征工具栏中的 旋转凸台/基体 按钮，进行旋转凸台/基体。在旋转属性栏中，"旋转轴"选择图 8-1（a）所示中心线，其他选项默认，如图 8-2（a）所示。得到旋转凸台后的实体，如图 8-2（b）所示。

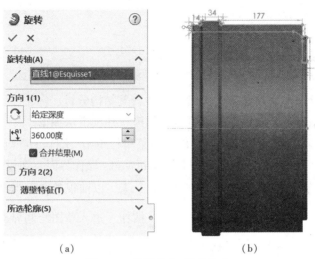

(a)   (b)

图 8-2 旋转凸台/基体命令

(a)旋转轴选择；(b)制动鼓模型

如图 8-3(a)所示，单击旋转凸台所得的制动鼓底面大圆环，单击特征工具栏中![按钮]按钮下三角，选择"圆角"，设置圆角半径为 10 mm，其他选项默认。得到倒圆角后的模型，如图 8-3(b)所示。

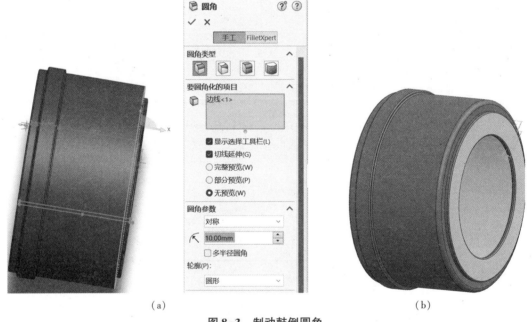

(a)   (b)

图 8-3 制动鼓倒圆角

(a)倒圆角设置；(b)倒圆角后的模型

在设计树中右击"右视基准面"，在弹出的快捷菜单中，单击"正视于"命令![图标]，以右视基准面为参考平面，使右视基准面正对屏幕，然后单击草图工具栏中的![草图绘制]按钮，进入草图绘制界面。选择"中心线"命令，从草图中心竖直向上画出中心线，并利用"智能尺寸"命令，定义尺寸为 165 mm。单击![按钮]·按钮下三角，选择"圆"命令，在中心线终点处画出半径为 12 mm 的圆，如图 8-4(a)所示。然后单击特征工具栏中的 拉伸切除 按钮，执行"拉伸切除"命令，"方向 1"选择"完全贯穿"，其他选项默认，得到切除后实体。再单击 线性阵列 按钮下三角，选择"圆周阵列"，"方向 1"选择"面<1>"，个数为 10，其他选项默认。得到图 8-4(b)所示模型。

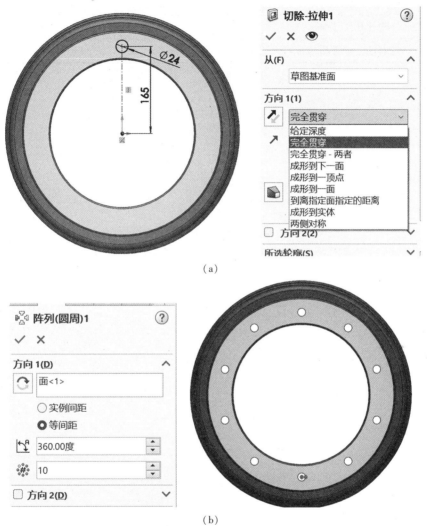

图 8-4　法兰螺栓孔绘制

(a)螺栓孔绘制；(b)阵列命令

8.3　制动鼓建模参数

制动鼓建模参数如表 8-1 所示。

表 8-1　制动鼓建模参数

名称	数据
制动鼓厚度/mm	15
制动鼓内径/mm	205
法兰厚度/mm	10
螺栓孔数	10
螺栓孔尺寸/mm	12
轮毂法兰中心孔/mm	140

第9章
轮毂及轮胎建模

9.1 概述

9.1.1 轮毂及轮胎的功用及工作条件

轮毂与轮胎作为汽车行驶系统中的重要组成部分，各自承担着关键的功用，并在不同的工作条件下发挥作用。

轮毂的功用主要包括支撑轮胎、连接车轴和承载重量。轮毂是将轮胎安装在车辆上的部件，它直接支撑轮胎，确保轮胎能够稳定地附着在车辆上；轮毂通过轴承等部件与车轴相连，实现动力的传递和车辆的行驶；轮毂承受着车辆的重量和行驶过程中产生的各种力，如制动力、牵引力等。

在车辆行驶过程中，轮毂需要高速旋转，因此必须具备足够的强度和耐磨性。轮毂需要承受来自车辆和轮胎的重量以及各种动态载荷，如制动力、加速度等，因此必须具备足够的强度和刚度。轮毂的工作环境恶劣，需要经受雨水、泥泞、高温等恶劣条件的考验，因此必须具备一定的耐腐蚀性和抗老化性。

轮胎的功用主要包括支撑车辆、提供牵引力和制动力、缓冲和减震、提高行驶稳定性和安全性。轮胎是车辆与地面之间的唯一接触点，它支撑着车辆的全部重量，确保车辆能够稳定地行驶。轮胎通过其独特的纹路设计和材料选择，提供足够的牵引力使车辆能够前进或后退，并在制动时提供足够的制动力使车辆减速或停止。轮胎能够吸收和分散行驶过程中产生的震动和冲击力，保护车辆和乘客免受损害。轮胎的抓地力、排水性能和静音性能等都对车辆的行驶稳定性和安全性产生重要影响。

轮胎需要与地面直接接触以提供牵引力和制动力，因此必须具备足够的耐磨性和耐切割性。轮胎在行驶过程中会受到各种复杂应力的作用，如侧向力、纵向力、垂直力等，因此必须具备足够的强度和刚度。轮胎需要在不同的温度环境下工作，如高温的夏天和低温的冬天，因此必须具备一定的耐热性和耐寒性。轮胎需要适应不同的路面条件，如干燥路面、湿滑路面、冰雪路面等，因此必须具备不同的纹路设计和材料以满足不同的需求。

9.1.2 轮毂及轮胎材料

轮毂主要包括钢轮毂、铝合金轮毂和镁合金轮毂。钢轮毂由钢材制作而成，制造工艺简单，成本相对较低，且抗金属疲劳能力强。优点是成本低、制造工艺简单；缺点是重量大、惯性阻力大、散热性较差，且在潮湿环境下容易生锈。铝合金轮毂主要材料是铝，并加入了锰、镁等金属材料以提高性能。铝合金轮毂比钢轮毂更轻，有助于节省燃油。优点是重量轻、散热性好、美观；缺点是成本相对较高。镁合金轮毂主要材料是镁，并加入了其他金属材料以增强性能。优点是重量轻、减震性能好、散热性好、抗腐蚀；缺点是成本较高，且对使用环境有一定要求。

汽车轮胎的主要材料是橡胶，具体可以分为天然橡胶和合成橡胶两种。天然橡胶的综合性能优越，具有良好的弹性、耐磨性和抗老化性能。高级轮胎多采用天然橡胶作为主要材料，以保证其优异的性能。

合成橡胶是通过人工合成得到的橡胶材料，其性能可以根据需要进行调整。与天然橡胶相比，合成橡胶的成本更低，但某些性能可能略逊一筹。许多轮胎采用天然橡胶与合成橡胶的混合物作为材料，以平衡性能和成本。此外，轮胎中还包含钢丝、帘子布和炭黑等辅助材料，以增强轮胎的强度、耐磨性和抗老化性能。

9.1.3 轮毂及轮胎构造

轮毂与轮胎的构造是汽车行驶系统中至关重要的部分，它们共同承担着支撑车辆重量、传递动力、保证行驶稳定性和安全性等任务。

轮毂是介于汽车半轴和轮胎之间的旋转部件，其主要功能是承受汽车自重及外界载荷。轮毂的构造主要包括轮辋、轮辐和其他部件。轮辋俗称轮圈，是车轮周边安装轮胎的部件。轮辋的规格很重要，因为它直接决定了汽车可以使用哪些轮胎。常见的轮辋有深槽轮辋、平底轮辋、对开式轮辋等。轮辐介于轮辋和车轴之间，主要起支撑作用。轮辐的构造决定了轮毂的分类，根据轮辐结构的不同，轮毂可分为辐板式轮毂和辐条式轮毂。辐条式轮毂主要靠众多钢丝辐条来达到支撑重力的效果。除此之外，轮毂还包括胎圈座、中心孔、安装凸台、中心线、通风口等部件，这些部件共同协作，使轮毂能够稳定地支撑轮胎并传递动力。

轮胎是汽车与地面接触的唯一部件，其构造复杂且功能多样。轮胎的构造主要包括胎面、胎壁、胎肩、带束层、帘布层、气密层、胎圈和其他部件。

胎面是轮胎与路面接触最为密切的部分，通过独特的纹路设计和不同的材料来决定轮胎的性能。胎壁是轮胎表面相对柔软的部分，具有支撑和抗震的作用，但胎壁破损后必须及时更换，以确保行驶安全。胎肩是连接胎面与胎壁的部分，通过独特的设计来影响整车的操纵性能，在极限转弯等情况下，好的胎肩设计能够承载更高的变形。带束层位于胎体上方，对轮胎的刚性和稳定性有重要作用，它不仅影响轮胎的操纵性能，还关系到轮胎的使用寿命。帘布层是轮胎内部最主要的支承结构，提供轮胎必要的强度和稳定性，即使发生猛烈撞击，也能保护轮胎的内部结构。气密层的主要功能是防止气体泄漏，保证轮胎内部有充足的气体。胎圈是轮胎与轮辋接触的部分，通过特殊的设计确保轮胎能够牢固地安装在轮辋上，并保持气密性。除此之外，轮胎还可能包括内胎、垫带等部件，但现代轮胎技术趋向于无内胎设计，以提高安全性和便利性。

9.1.4 轮毂表面处理

轮毂作为汽车的重要部件，其表面处理不仅影响美观，还关系到轮毂的耐久性、抗腐蚀性及安全性。常见的轮毂表面处理方式包括喷漆、电镀、氧化处理、拉丝和抛光等。

喷漆是一种常见的轮毂表面处理方式，通过喷涂涂料来实现表面的美观和保护。喷漆轮毂颜色多样，可以根据车主的喜好进行个性化选择。然而，喷漆轮毂容易受到剐蹭和氧化，需要定期进行维护。电镀是一种高端的表面处理方式，可以实现光亮、耐磨、相对耐腐蚀的性能。电镀轮毂通常具有镜面般的光泽，视觉效果极佳，但价格较高，且需要定期进行维护，以防止受到化学物质的侵蚀。氧化处理可以提高轮毂的耐腐蚀性能，但其光泽度和美观度不如电镀和喷漆。氧化处理轮毂成本相对较低，适合对美观要求不高的车主。拉丝和抛光是通过物理或化学手段对轮毂表面进行加工，使其呈现出独特的纹理和光泽。拉丝和抛光可以增强轮毂的视觉效果，但工艺要求较高，且可能增加轮毂的维护难度。

9.2 轮毂建模方法

轮毂建模方法如下。

（1）新建文件。启动 SolidWorks，单击"文件"→"新建"，在弹出的"新建 SOLIDWORKS 文件"对话框中选择"零件"，然后单击"确定"按钮，新建一个零件文件。

（2）绘制草图1。在左侧设计树中选择"前视基准面"作为绘制图形的基准面。单击草图工具栏中的"中心线"按钮 和"直线"按钮 ，绘制如图 9-1 所示的草图并标注尺寸。

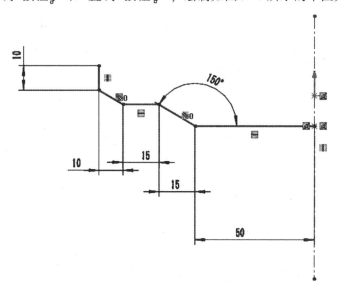

图 9-1 绘制草图 1

（3）旋转曲面1。单击曲面工具栏中的"旋转曲面"按钮 ，在如图 9-2 所示的旋转属性栏中选择步骤(2)创建的草图中心线为旋转轴，其他选项采用默认设置，单击 ✔ 按钮，结果如图 9-3 所示。

图 9-2　旋转属性栏 1

图 9-3　旋转曲面 1

（4）镜向旋转曲面。单击特征工具栏中的"镜向"按钮 ，系统弹出如图 9-4 所示的镜向属性栏。选择"前视基准面"为镜向基准面，在绘图区域选择步骤(3)创建的旋转曲面为镜向的实体，单击 按钮，结果如图 9-5 所示。

图 9-4　镜向属性栏

图 9-5　镜向旋转曲面

（5）转换实体引用。单击草图工具栏中的"转换实体引用"按钮 ，将所选边线和草图实体转换为相同实体，将其投影到所选草图平面，在此基础上进行草图绘制，如图 9-6 所示。

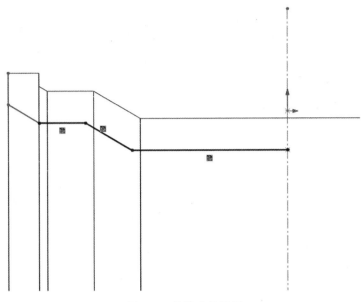

图 9-6　转换实体引用

（6）绘制草图 2。单击草图工具栏中的"中心线"按钮 ✎、"样条曲线"按钮 ∿、"绘制圆角"按钮 ⌐ 和"直线"按钮 ✎，绘制如图 9-7 所示的草图并标注尺寸。

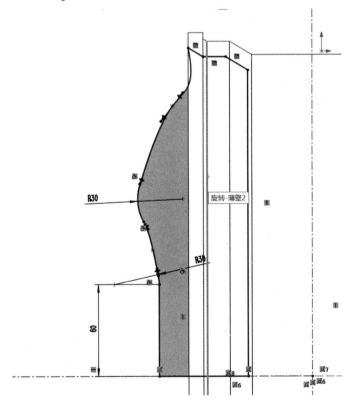

图 9-7　绘制草图 2

(7)旋转曲面2。单击曲面工具栏中的"旋转曲面"按钮 ，系统弹出旋转属性栏。选择步骤(6)创建的草图中心线为旋转轴，其他选项采用默认设置，如图9-8所示，单击 ✔ 按钮，结果如图9-9所示。

图9-8　旋转曲面设置　　　　　　图9-9　旋转曲面2

(8)绘制草图3。单击草图工具栏中的"中心线"按钮 和"圆形"按钮 ，绘制如图9-10所示的草图并标注尺寸。

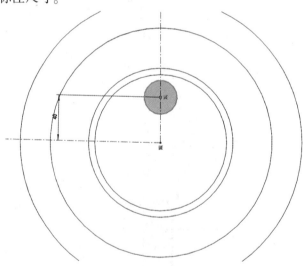

图9-10　绘制草图3

(9)拉伸切除1。单击特征工具栏中的"拉伸切除"按钮 ，通过在一个或两个方向上拉伸草图轮廓来切除实体模型。其属性栏设置及拉伸切除后的实体如图9-11、图9-12所示。

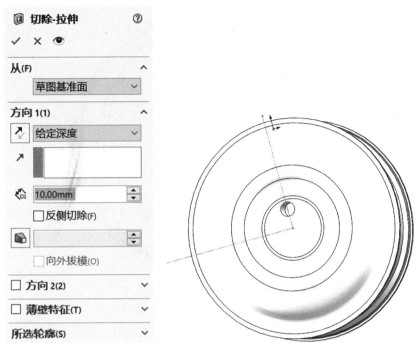

图 9-11　切除-拉伸属性栏　　　　图 9-12　拉伸切除实体 1

（10）圆周阵列 1。选择"视图"→"临时轴"命令，显示临时轴。单击特征工具栏中的"圆周阵列"按钮 ，系统弹出阵列(圆周)属性栏。"阵列轴"选择基准轴，"要阵列的特征"选择步骤(9)创建的拉伸切除特征，选择"等间距"按钮，在"实例数"图标 右侧的文本框中输入 5，如图 9-13 所示，单击 按钮，完成圆周阵列实体操作，效果如图 9-14 所示。

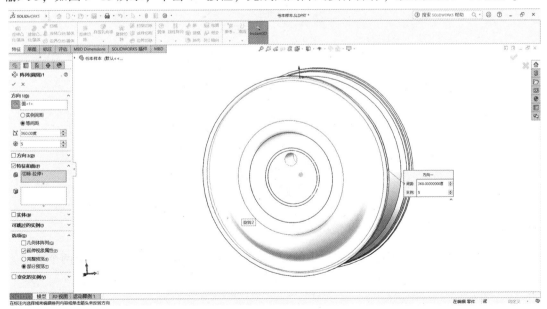

图 9-13　圆周阵列设置 1

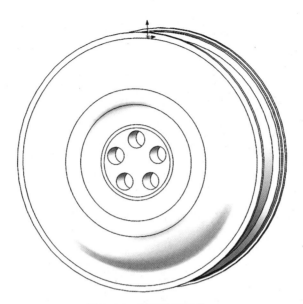

图 9-14　圆周阵列实体 1

（11）绘制草图 4。单击草图工具栏中的"中心线"按钮 ⟋、"圆弧"按钮 ⌒ 和"直线"按钮 ⟋，绘制如图 9-15 所示的草图并标注尺寸。

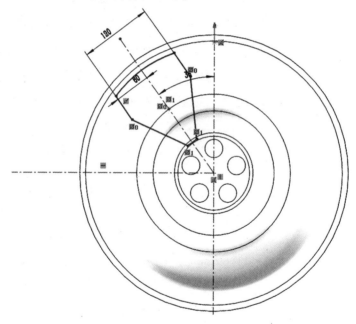

图 9-15　绘制草图 4

（12）拉伸切除 2。单击特征工具栏中的"拉伸切除"按钮 🔲，通过在一个或两个方向上拉伸草图轮廓来切除实体模型，如图 9-16 所示。

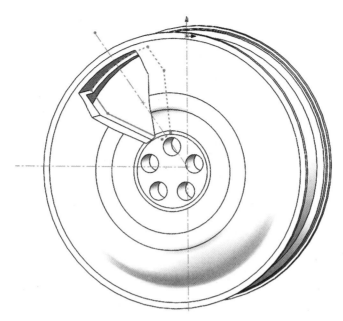

图 9-16 拉伸切除实体 2

（13）圆周阵列 2。选择"视图"→"临时轴"命令，显示临时轴。单击特征工具栏中的"圆周阵列"按钮 ，系统弹出阵列（圆周）属性栏。"阵列轴"选择基准轴，"要阵列的特征"选择步骤（12）创建的拉伸切除特征，选择"等间距"按钮，在"实例数"图标 右侧的文本框中输入 6，如图 9-17 所示，单击 ✔ 按钮，完成圆周阵列实体操作，效果如图 9-18 所示。

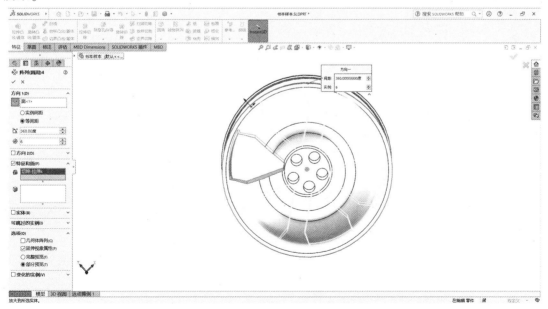

图 9-17 圆周阵列设置 2

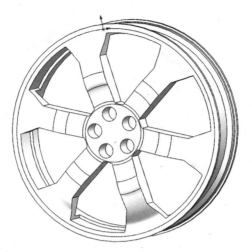

图 9-18　圆周阵列实体 2

9.3　轮胎建模方法

轮胎建模方法如下。

（1）新建文件。启动 SolidWorks，单击"文件"→"新建"，在弹出的"新建 SOLIDWORKS 文件"对话框中选择"零件"，然后单击"确定"按钮，新建一个零件文件。

（2）绘制草图 1。在左侧设计树中选择"前视基准面"作为绘制图形的基准面。单击"草图"面板中的"中心线"按钮、"绘制圆角"按钮、"圆弧"按钮和"直线"按钮，绘制如图 9-19 所示的草图并标注尺寸。

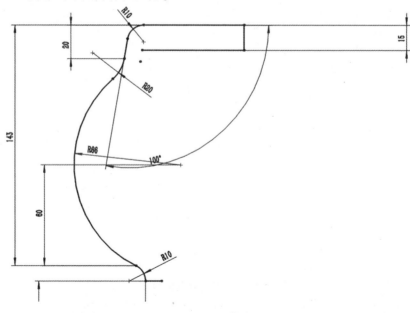

图 9-19　绘制草图 1

（3）等距实体。单击草图工具栏中的"等距实体"按钮，通过指定距离偏移多个草图实体，来辅助草图绘制。在弹出的"等距实体"操作界面中，选择 10 mm 的距离，以及取消勾选"选择链"复选按钮，其他选项采用默认设置，如图 9-20 所示。得到的等距实体如图 9-21 所示。

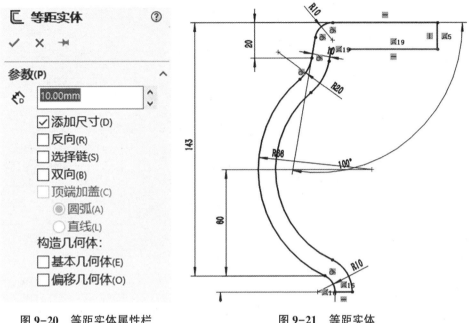

图 9-20　等距实体属性栏　　　　　　　　图 9-21　等距实体

（4）绘制草图 2。单击草图工具栏中的"直线"按钮 ✎，绘制如图 9-22 所示的草图并标注尺寸。

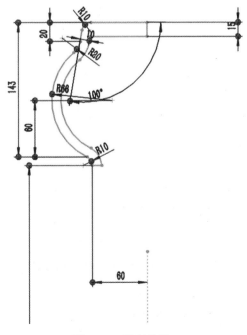

图 9-22　绘制草图 2

（5）旋转曲面。单击曲面工具栏中的"旋转曲面"按钮 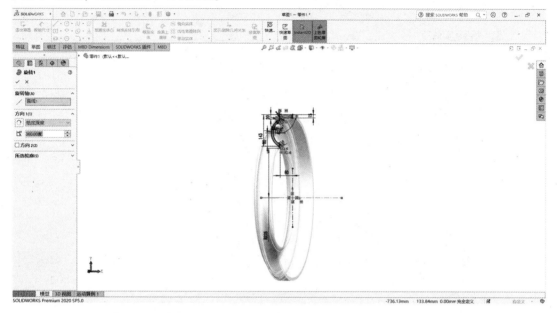，系统弹出如图 9-23 所示的旋转属性栏。在绘图区域选择步骤(4)创建的草图中心线为旋转轴，其他选项采用默认设置，单击 ✔ 按钮，结果如图 9-24 所示。

图 9-23　旋转曲面设置

图 9-24　旋转曲面

（6）镜向旋转曲面。单击特征工具栏中的"镜向"按钮，系统弹出如图 9-25 所示的镜向属性栏。选择"右视基准面"为镜向基准面，在绘图区域选择步骤(5)创建的旋转曲面为"要镜向的实体"，单击 ✔ 按钮，结果如图 9-26 所示。

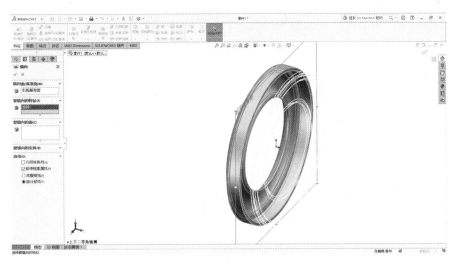

图 9-25　镜向旋转曲面设置

图 9-26　镜向旋转曲面

（7）绘制草图 3。在左侧设计树中选择"前视基准面"作为绘制图形的基准面。单击草图工具栏中的"中心线"按钮 和"中心矩形"按钮 ，绘制如图 9-27 所示的草图并标注尺寸。

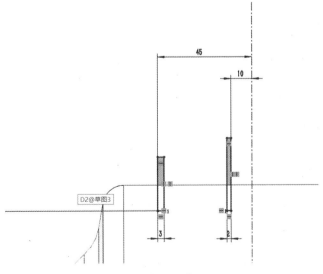

图 9-27　绘制草图 3

(8)旋转切除。单击特征工具栏中的"旋转切除"按钮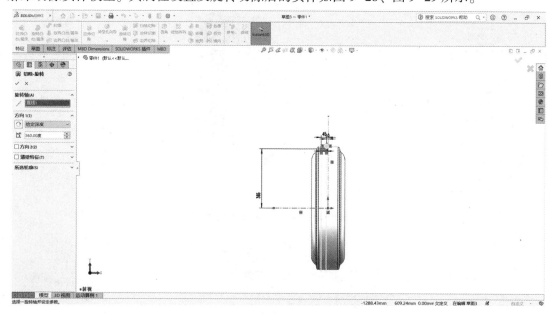，通过围绕坐标轴旋转草图轮廓来切除实体模型。其属性设置及旋转切除后的实体如图 9-28、图 9-29 所示。

图 9-28　旋转切除设置

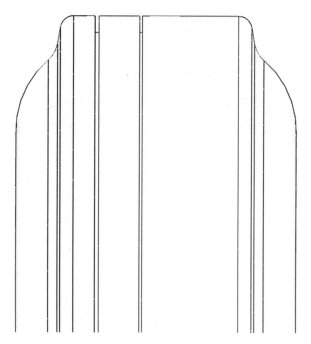

图 9-29　旋转切除实体

(9)镜向旋转切除实体。单击特征工具栏中的"镜向"按钮，系统弹出如图 9-30 所示的镜向属性栏。选择"右视基准面"为镜向基准面，在绘图区域选择步骤(8)创建的旋转切除实体为"要镜向的实体"，单击 ✓ 按钮，结果如图 9-31 所示。

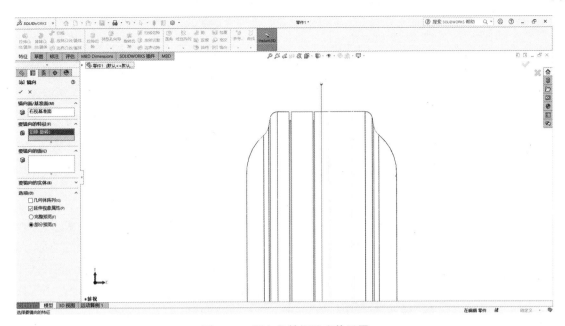

图 9-30　镜向旋转切除实体设置

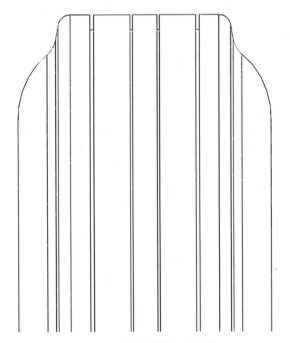

图 9-31　镜向旋转切除实体

（10）建立基准面。选择从两端开始建模，此时需要一个基准面。单击特征工具栏"参考几何体"按钮下三角，选择"基准面"选项，如图 9-32 所示。在弹出的对话框中选择"第一参考"为"前视基准面"，其余参数设置如图 9-33 所示，设置完成后单击 ✔ 按钮，即可得到基准面 1，如图 9-34 所示。

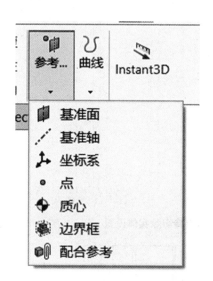

图 9-32　"参考几何体"下拉列表　　　　图 9-33　基准面属性栏

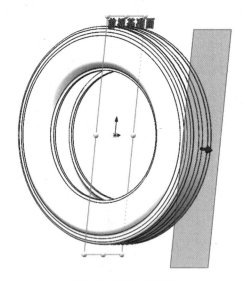

图 9-34　建立基准面 1

（11）绘制草图 4。在左侧设计树中选择刚建立的"基准面 1"作为绘制图形的基准面。单击草图工具栏中的"中心线"按钮 、"中心矩形"按钮 和"样条曲线"按钮 ，绘制如图 9-35 所示的草图并标注尺寸。

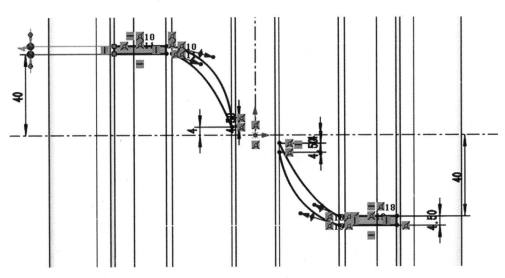

图 9-35　绘制草图 4

（12）拉伸凸台。草图绘制结束，单击草图工具栏中的"退出草图"按钮 ↩。然后进行拉伸特征设置，单击"特征"→"拉伸凸台/基体"，设置"给定深度"为 10 mm，向前视基准面方向拉伸，观察圆柱上的箭头方向，若不是指向前视图方向，则在左侧属性栏中单击"反向"按钮 ↗ 即可，结果如图 9-36 所示。单击 ✔ 按钮，得到拉伸凸台实体，如图 9-37 所示。

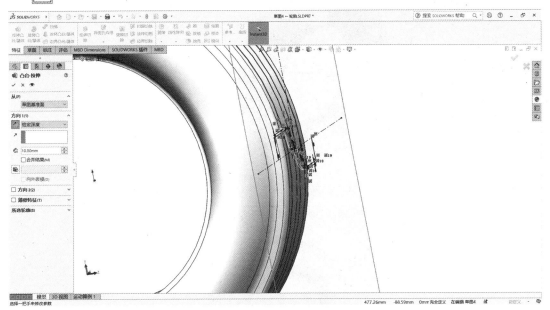

图 9-36　拉伸凸台实体设置

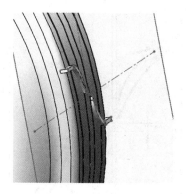

图 9-37　拉伸凸台实体

(13)圆周阵列。选择"视图"→"临时轴"命令，显示临时轴。单击特征工具栏中的"圆周阵列"按钮 ，系统弹出阵列(圆周)属性栏。"阵列轴"选择基准轴，"要阵列的特征"选择步骤(12)创建的拉伸凸台特征，选择"等间距"按钮，在"实例数"图标 右侧的文件框中输入 50，如图 9-38 所示，单击 按钮，完成圆周阵列实体操作，效果如图 9-39 所示。

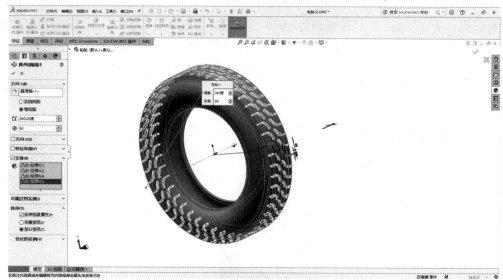

图 9-38　圆周阵列实体设置

图 9-39　圆周阵列实体

（14）组合切除。单击菜单栏内的"插入"→"特征"→"组合"按钮 ，对已经拉伸的模型进行一个整体的切除，来建立轮胎的花纹，如图 9-40~图 9-42 所示。

图 9-40　组合属性栏

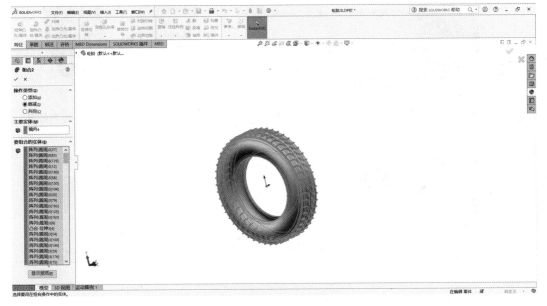

图 9-41　组合切除设置

图 9-42　组合切除实体

（15）外观布景。单击任务窗格中的"外观、布景和贴图"按钮 ，选择"外观"→"橡胶"→"光泽"，单击"光泽橡胶"并拖动到已建模的实体上，选择"实体"按钮 ⬛，对建模实体进行外观布景，如图 9-43、图 9-44 所示。

图 9-43　更改实体材质、外观菜单栏　　　　图 9-44　更改实体材质、外观效果

9.4　轮毂及轮胎建模参数

轮毂及轮胎建模参数如表 9-1 所示。

表 9-1　轮毂及轮胎建模参数

名称	数据	名称	数据
轮胎宽度/mm	180	轮毂直径/mm	450
轮胎断面高度/mm	153	轮毂宽度/mm	180
轮胎内径/mm	450	轮毂固定螺栓孔数量	5

第 10 章
汽车车架建模

10.1 概述

10.1.1 汽车车架的功用及要求

车架是跨接在汽车前后车桥上的框架式结构，俗称大梁，是汽车的基体。车架一般由两根纵梁和几根横梁组成，由悬挂装置、前桥、后桥支承在车轮上。车架必须具有足够的强度和刚度，以承受汽车的载荷和从车轮传来的冲击。车架的功用是支撑、连接汽车的各总成，使各总成保持相对正确的位置，并承受汽车内外的各种载荷。对车架的要求如下：应满足汽车总体布置要求；应具有足够的强度和适当的刚度，保持其上各总成和部件之间的相对位置；质量尽可能小，结构简单；尽可能降低汽车重心位置和获得较大的转向角，提高汽车行驶的稳定性和机动性，这一点对轿车和客车尤为重要。

10.1.2 汽车车架材料

现代普通家用型汽车车架的材料通常采用高强度钢，部分关键部位采用硼钢。

10.1.3 汽车车架构造

车架主要由纵梁、横梁、发动机支架和其他附件构成。纵梁是车架的纵向主要承重部件，通常由两根纵梁组成，它们平行地布置在车架的两侧。纵梁的材料多为高强度钢材，具有足够的强度和刚度以承受汽车的载荷与冲击。横梁是连接左右纵梁的部件，用于增加车架的抗扭刚度和稳定性。横梁的数量和形状根据车型与设计要求而定，有的设计为 4~5 根，甚至更多。横梁的形状也不统一，可以设计成上凸、下凹或平直的形式。发动机支架用于安装和固定发动机，确保发动机能够稳定地运行并传递动力。除此之外，根据车型与设计要求，车架上还可能装有其他附件，如传动轴支架、油箱支架、悬架装置等。

根据结构不同，车架可分为边梁式车架、中梁式车架和综合式车架等。边梁式车架由 2 根位于两边的纵梁和若干根横梁组成，通过铆接或焊接将纵梁与横梁连接成坚固的刚性构架。中梁式车架的中部由 1 根大断面的纵梁和副梁托架等组成，传动轴由中梁内孔通过。这种车架质量轻、重心低、刚度和强度较大、行驶稳定性好，但制造工艺复杂，精度要求高。

综合式车架是综合边梁式车架和中梁式车架的结构特点形成的，车架前段或后段近似边梁式结构，便于分别安装发动机和驱动桥。

车架作为汽车的基体，它不仅支撑着整个车身和各个部件，还承受着来自各方面的载荷和冲击。因此，车架的设计和制造必须满足严格的标准与要求，以确保汽车的安全性、稳定性和耐久性。

10.1.4　汽车车架表面处理

汽车车架表面处理是汽车制造过程中至关重要的一个环节，它直接关系到车架的防腐性能、外观质量以及后续涂装效果。目前国内车架涂装普遍采用的工艺流程包括抛丸、脱脂、表调、三元低锌磷化、阴极电泳等步骤。这些步骤相互配合，最大限度地提高了车架的防腐能力，同时也对前处理的管理提出了更高的要求。

10.2　汽车车架建模方法

汽车车架建模的方法如下。

双击 SolidWorks 图标进入初始界面，在菜单栏单击"文件"→"新建"或按〈Ctrl+N〉组合键，选择"零件"，单击"确定"按钮，进入 SolidWorks 操作界面。在设计树中右击"前视基准面"，在弹出的快捷菜单中，单击"正视于"命令 ↓，以前视基准面为参考平面，使前视基准面正对屏幕，然后单击草图工具栏中的 按钮，进入草图绘制界面。
草图绘制

单击 / · 按钮，然后单击前视基准面坐标原点画出矩形。单击"智能尺寸"按钮，定义长度为 120 mm，宽度为 80 mm，如图 10-1 所示。矩形变成黑色表示完全定义。

图 10-1　绘制薄壁结构

单击特征工具栏中的 按钮，进行拉伸，在 图标后的文本框中输入 490 mm，其
台/基体
他选项采用默认设置，如图 10-2 所示。再在下方选择"薄壁特征"，输入 10 mm 得到薄壁后的实体，如图 10-3 所示。

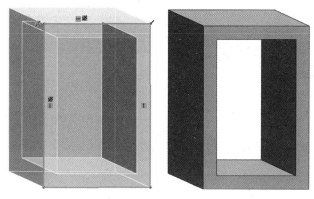

　　图 10-2　拉伸实体　　　　　图 10-3　薄壁实体

利用"圆角"命令对薄壁进行光滑处理，得到如图 10-4 所示的实体。

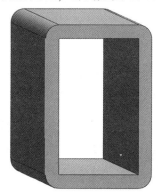

图 10-4　圆角后的实体

　　再次进行了草图绘制，将车架的轮廓绘制出来，如图 10-5(a)所示，再将图形拉伸可得一块长方体板，如图 10-5(b)所示。然后在板上绘制一个 10 mm 的薄壁特征，如图 10-6(c)所示。最后得到 1/4 个支撑架，如图 10-5(d)所示。

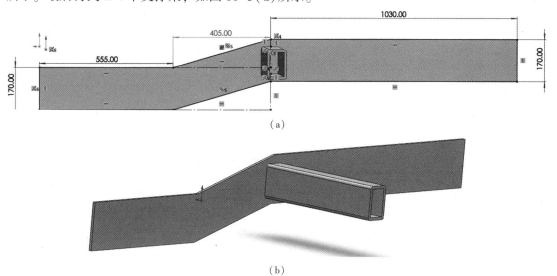

(a)

(b)

图 10-5　绘制薄壁特征

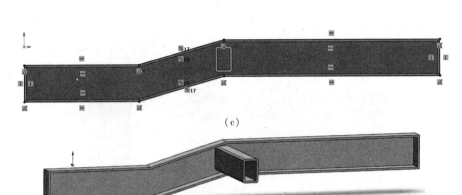

（c）

（d）

图 10-5 绘制薄壁特征（续）

单击"特征"→"镜向"，"镜向面/基准面"选择"前视基准面"，将之前所有建的模型作为"要镜向的特征"，得到镜向体，如图 10-6(a) 所示。再单击"镜向"，将右视基准面作为镜向面，将之前所有创建的模型作为"要镜向的特征"，得到镜向体，如图 10-6(b) 所示。

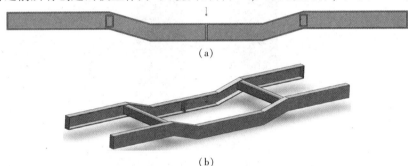

（a）

（b）

图 10-6 镜向薄壁特征

在前视基准面中，紧贴车架边缘以 156 mm 的高度进行绘制，各项参数如图 10-7(a) 所示，再将草图以 540 mm 的距离进行双向拉伸，如图 10-7(b) 所示，最后得到此车架的托盘的模型，如图 10-7(c) 所示。

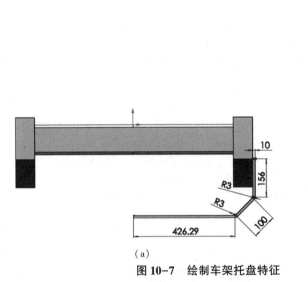

（a）

（b）

图 10-7 绘制车架托盘特征

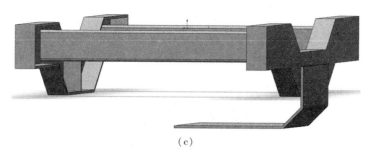

(c)

图 10-7　绘制车架托盘特征(续)

单击"特征"→"镜向"，以右视基准面为镜向面，将车架托盘的部位作为"要镜向的特征"，如图 10-8(a)所示，最终得到的镜向结果如图 10-8(b)所示。

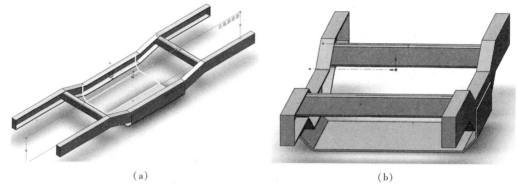

（a）　　　　　　　　　　　　　　　　　　　　（b）

图 10-8　镜向车架托盘特征

在末尾段表面建立基准面，并绘制一个上底为 1 400 mm，高为 180 mm，下底为 1 100 mm 的倒置的梯形，如图 10-9(a)所示。然后创建一个 10 mm 的薄壁特征，得到如图 10-9(b)所示的模型，再将梯形薄壁进行 10 mm 加盖处理，以完全覆盖薄壁的底部，如图 10-9(c)所示。

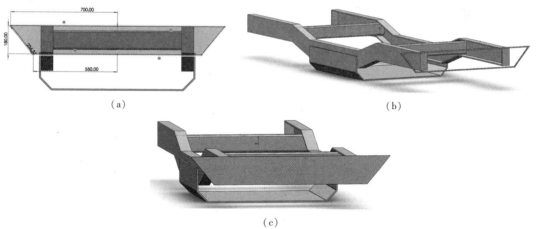

(a)　　　　　　　　　　　　　　　　　　　　(b)

(c)

图 10-9　绘制薄壁特征

在距离初始右视图为 345 mm 处建立右视基准面，以边缘中心为起点，绘制长为 50 mm、宽为 14 mm 的矩形，再建立以 25 mm 为半径的外圆和以 3 mm 为半径的内圆，如图 10-10(a)所示。然后进行 5 mm 的拉伸，结果如图 10-10(b)所示。最后进行镜向处理，以右视基准面为镜向面，将挂件作为"要镜向的特征"，结果如图 10-10(c)所示。

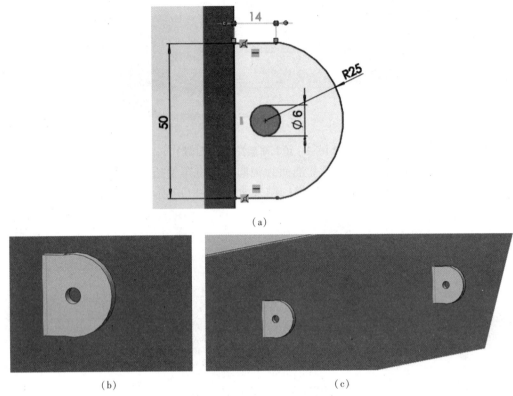

（a）

（b）   （c）

图 10-10　绘制凸缘特征

利用"剖视图"命令，如图 10-11（a）所示，便于观察，再利用草图绘制一个上底为 1 400 mm、高为 180 mm、下底为 1 105 mm 的梯形，如图 10-11（b）所示。然后创建一个 10 mm的薄壁特征，如图 10-11（c）所示。

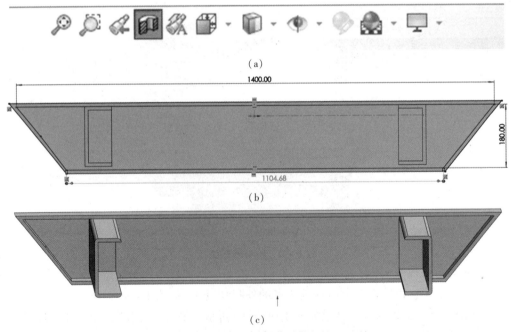

（a）

（b）

（c）

图 10-11　绘制薄壁特征

以支架表面作为参考面进行草图绘制，以中心点作为起点，绘制宽为 70 mm、长为 170 mm 的矩形，如图 10-12（a）所示。然后创建一个 10 mm 的薄壁特征，并向前方拉伸 1 260 mm，后方拉伸 260 mm，如图 10-12（b）、图 10-12（c）所示。

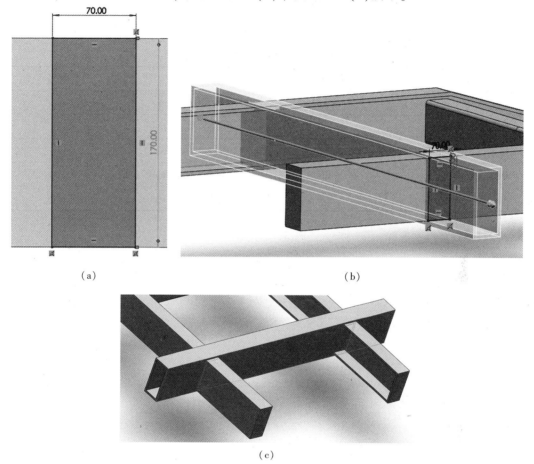

（a）

（b）

（c）

图 10-12　绘制支架特征

至此，车架模型大体完成了，但是还需要对线边进行圆角处理，将所有外角的线条以半径为 10 mm 的圆角处理后，最终得到一个车架模型，如图 10-13 所示。

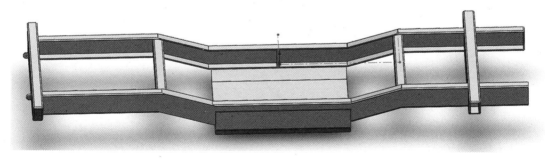

图 10-13　车架模型

10.3 汽车车架建模参数

汽车车架建模参数如表 10-1 所示。

表 10-1 汽车车架建模参数

名称	数据	名称	数据
纵梁长度/mm	4 035	纵梁宽度/mm	405
横梁 1 长度/mm	1 400	横梁 1 宽度/mm	190
横梁 2 长度/mm	980	横梁 2 宽度/mm	110
横梁 2 长度/mm	980	横梁 3 宽度/mm	110
横梁 4 长度/mm	1 500	横梁 4 宽度/mm	200

注：以图 10-13 为例，从左至右依次为横梁 1~4。

第 11 章
万向轴建模

11.1 概述

汽车万向轴，也称万向传动轴，是汽车动力传输系统中至关重要的机械部件。它主要连接发动机与车轮或驱动桥，负责将动力从发动机有效传递到车轮，同时适应车辆行驶过程中产生的各种角度和距离变化。万向轴由多个连接轴和万向节组成，这些部件的设计允许连接轴在多个方向上自由旋转，从而解决变速器输出轴与主减速器输入轴不在同一直线上时的动力传递问题。其中，万向节是关键部件，它通过独特的结构设计，使连接轴能够灵活应对角度和距离的变化，保持动力的稳定传递。万向轴的优点在于其结构紧凑、传动效率高、适应性强。然而，它也存在一些限制，如转速限制、振动和噪声等问题。因此，在设计和使用过程中，需要综合考虑各种因素，以确保万向轴的性能和质量。

11.1.1 万向轴功用及工作条件

汽车万向轴的主要功能在于满足动力传递、适应转向和车辆运行时产生的上下跳动所造成的角度变化。在车辆行驶过程中，由于路面不平、转弯、加减速等因素，车轮与发动机之间的相对位置会不断发生变化，需要万向轴才能够灵活适应这些变化，确保动力传输不受影响。

万向轴的工作条件恶劣，它需要承受高转速下的较大力矩和冲击负荷，同时还要适应车辆在行驶中因悬架变形、车架与车桥之间位置变化导致的传动轴夹角和长度的变化。因此，要求万向轴有良好的柔韧性和耐用性，以确保动力传输的连续性和稳定性。

11.1.2 万向轴材料

万向轴的材料选择对于其性能和使用寿命至关重要。常见的万向轴材料包括钢管、铸铁、铝合金等。钢管万向轴因其较高的强度和承载能力而被广泛应用。它由两个承载杆和一个中空的钢管组成，能够适应较大的车辆扭矩和转速。但其重量较大，可能会影响车辆的操控性能和燃油效率。铸铁万向轴结构简单，由两个铸铁球盖和一个轴心组成。铸铁材质的强度和硬度较高，能够承受较大的扭矩和压力，且稳定性和耐久性较好。但其重量也相对较大，且易受外界环境腐蚀。铝合金万向轴的最大特点是重量轻，有助于降低车辆的整体重心，提高稳定性和燃油效率。铝合金材质的强度和硬度也较高，能够承受一定的扭矩和压力。

11.1.3　万向轴构造

万向轴一般由输入部分、万向节部分和输出部分 3 个主要部分组成。输入部分负责将动力从驱动器传递到万向节，这一部分通常与发动机或其他动力源直接相连，将动力初步引入传动系统。万向节部分是整个传动轴的核心部件，由两个半球体和一些钢球组成，它能够实现不同轴间角度和动力的传递，允许连接轴在任何一个方向上旋转。输出部分将经过万向节传递过来的动力传递给驱动设备，这一部分与车轮或其他驱动部件相连，确保动力最终转化为车辆的行驶动力。

11.1.4　万向轴表面处理

万向轴表面处理的主要目的是增加万向轴的耐腐蚀性、耐磨性和美观性，从而延长其使用寿命和可靠性。其表面处理主要有镀锌、喷塑和喷漆等方法。镀锌是通过在万向轴表面覆盖一层锌层，有效防止锈蚀和磨损。喷塑和喷漆表面处理可以增强万向轴的美观性和耐磨性。其中油漆具有较高的硬度和耐久性，能够保护万向轴表面免受外界环境的侵蚀和磨损。

11.2　主轴建模方法

建立万向轴模型时，考虑到它是对称结构，所以只需要把它一半的零部件装配为一个模型，再将模型分两次连接到中间的长轴上即可。

建立主轴模型的方法如下。

双击 SolidWorks 图标进入初始界面，在菜单栏单击"文件"→"新建"或按〈Ctrl+N〉组合键，选择"零件"，单击"确定"按钮，进入 SolidWorks 操作界面。

进入操作界面后，右击"前视基准面"，选择"草图绘制"命令，如图 11-1 所示。

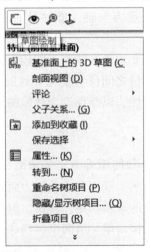

图 11-1　选择"草图绘制"命令

进入草图绘制界面，在草图工具栏中单击"圆"，绘制一个半径为 20.66 mm 的圆，在圆的中心线与圆周交界点绘制长为 9 mm、宽为 8.18 mm 的中心矩形。然后单击 ^{剪裁实体①} 按钮，将圆周内的矩形线条裁剪掉。接着单击"圆角"按钮⌐·对矩形 4 个角进行半径为 1 mm 的倒圆角。最后单击线性草图"阵列"按钮下三角，选择"圆周草图阵列"，对圆周外的矩形部分进行圆周阵列，阵列个数为 4，如图 11-2 所示。

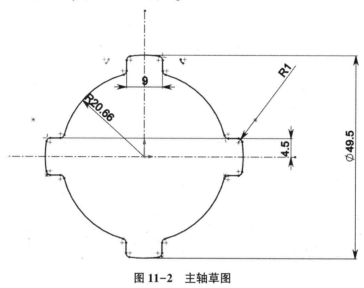

图 11-2　主轴草图

单击"等距实体"按钮 等距实体，选择图 11-2 所示草图，距离设置为 4.5 mm，方向朝外，生成如图 11-3 所示草图。

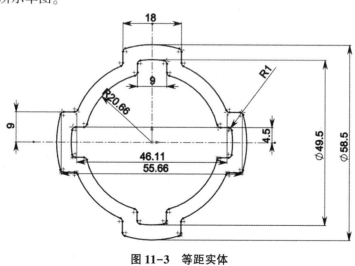

图 11-3　等距实体

最后单击"拉伸凸台/基体"按钮，设置参数如图 11-4 所示，最终生成零件模型如图 11-5 所示。此时，主轴部分建模完成。

图 11-4　拉伸凸台设置

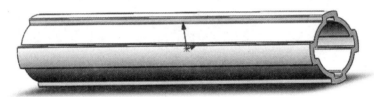

图 11-5　主轴模型

11.3　转接头建模方法

11.3.1　旋转凸台

选择一基准面进入草图绘制界面，在草图工具栏中选择"直线"按钮，并设置正确的尺寸，绘制如图 11-6 所示草图。

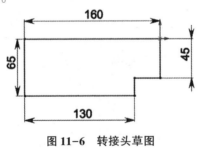

图 11-6　转接头草图

单击"旋转凸台/基体"按钮旋转凸台/基体，选择图 11-6 中尺寸为 160 mm 的边为旋转轴，360°旋转，旋转后实体如图 11-7 所示。

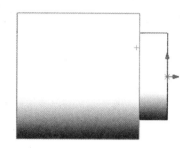

图 11-7　旋转凸台

11.3.2　拉伸切除

选择前视基准面进行草图绘制，在草图工具栏中选择"直线""圆角"按钮，绘制如图 11-8 所示草图。然后进行尺寸约束，如图 11-9 所示。

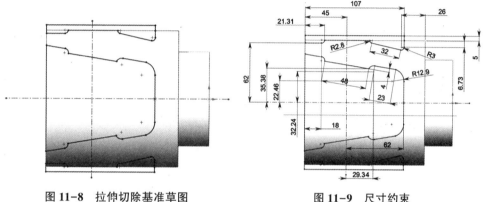

图 11-8　拉伸切除基准草图　　　　　图 11-9　尺寸约束

单击"拉伸切除"按钮 拉伸切除，"方向 1"选择"两侧对称"，拉伸深度为 150 mm，如图 11-10 所示。切除后实体如图 11-11 所示。

选择右视基准面进行草图绘制，在草图工具栏中选择"直线""圆"和"三点圆弧"按钮，并进行相应尺寸约束，绘制如图 11-12 所示草图。单击"拉伸切除"按钮，"方向 1"选择"两侧对称"，切除深度为 200 mm，如图 11-13 所示。

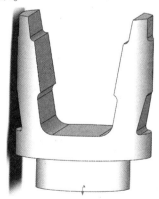

图 11-10　拉伸切除设置　　　　图 11-11　切除后的实体

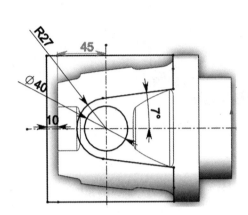

图 11-12　绘制右视基准面草图　　　　　图 11-13　切除参数

11.3.3　倒圆角与镜向

1. 倒圆角

单击"圆角"按钮 ，选择如图 11-14 所示 4 条边线，"圆角参数"选择"对称"，圆角半径为 5 mm，如图 11-15 所示。

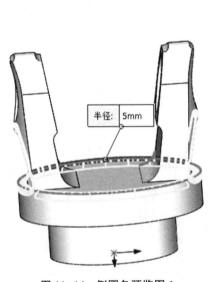

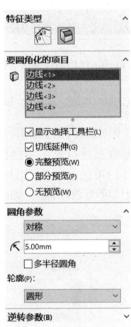

图 11-14　倒圆角预览图 1　　　　　图 11-15　圆角参数 1

单击"圆角"按钮 ，选择如图 11-16 所示两条侧边，"圆角参数"选择"对称"，圆角半径为 5 mm，如图 11-17 所示。

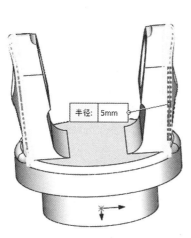

图 11-16　倒圆角预览图 2　　　　　图 11-17　圆角参数 2

单击"圆角"按钮，选择如图 11-18 所示内边，"圆角参数"选择"对称"，圆角半径为 3 mm。命名该圆角为圆角 1。

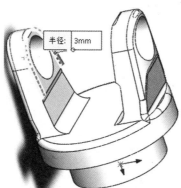

图 11-18　圆角 1

单击"圆角"按钮，选择如图 11-19 所示边缘，"圆角参数"选择"对称"，圆角半径为 3 mm。命名该圆角为圆角 2。

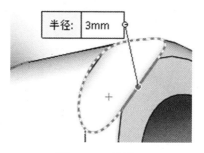

图 11-19　圆角 2

单击"圆角"按钮，选择如图 11-20 所示 4 条边，"圆角参数"选择"对称"，圆角半径为 5 mm。

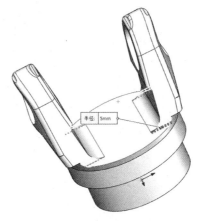

图 11-20　倒圆角预览图 3

单击"圆角"按钮，选择如图 11-21 所示两条边，"圆角参数"选择"对称"，圆角半径为 5 mm。

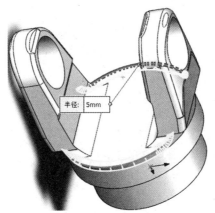

图 11-21　倒圆角预览图 4

单击"圆角"按钮，选择如图 11-22 所示两条边，"圆角参数"选择"对称"，圆角半径为 5 mm。命名该圆角为圆角 3。

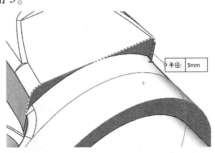

图 11-22　圆角 3

选择如图 11-23 所示底部 3 条圆边，单击"圆角"按钮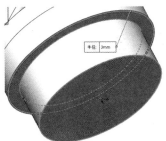，"圆角参数"选择"对称"，圆角半径为 3 mm。

图 11-23　倒圆角预览图 5

2. 镜向

单击"镜向"按钮 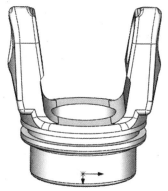，镜向特征选择圆角 1、圆角 2、圆角 3，"镜向面/基准面"选择"右视基准面"，镜向完成后的模型如图 11-24 所示。

图 11-24　镜向完成后的模型

11.3.4　旋转凸台

右击"前视基准面"进行草图绘制，单击"直线"按钮下三角，选择"中心线"，绘制如图 11-25 所示草图，单击"旋转凸台/基体"按钮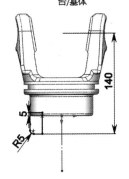，旋转轴选择中心线，进行旋转。

图 11-25　旋转凸台基准草图

11.3.5　拉伸切除

选择旋转接头底面进行草图绘制,以中心点为圆心绘制一个直径为 55 mm 的圆,如图 11-26 所示,单击"拉伸切除"按钮 拉伸切除,切除方式为"完全贯穿",最终旋转接头模型建立完成,如图 11-27 所示。

图 11-26　拉伸切除基准草图

图 11-27　转接头模型

11.4　十字轴建模方法

右击"前视基准面"进行草图绘制,如图 11-28 所示,单击"镜向实体"按钮 镜向实体,镜向方式为"十字对称",如图 11-29 所示。

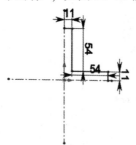

图 11-28　十字对称前的草图

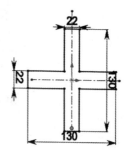

图 11-29　十字对称后的草图

单击"拉伸凸台/基体"按钮,拉伸参数设置为"两侧对称",拉伸深度为 22 mm。拉伸效果如图 11-30 所示。

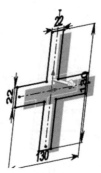

图 11-30　拉伸效果

右击十字架端面进行草图绘制，绘制一个以中心点为圆心、直径为 34.9 mm 的圆，并进行 35 mm 的拉伸，拉伸方向如图 11-31 所示。

图 11-31　十字轴端部圆柱绘制

选择"倒角"按钮，边线选择拉伸圆柱体上下两顶面边线，倒角参数为 2 mm、45°。依次对十字架其余 3 个端面进行相同的草图绘制、拉伸特征及倒角设置，完成十字轴锥形的建立，如图 11-32 所示。

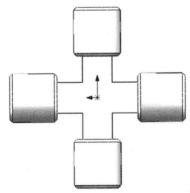

图 11-32　十字轴锥形

单击"圆角"按钮 圆角，边线选择十字架裸露的边线和十字架与圆柱体相交的边线，如图 11-33 所示。圆角参数为 2 mm、对称，完成十字轴模型的建立，如图 11-34 所示。

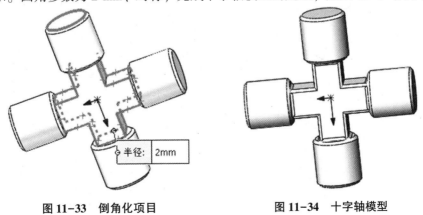

图 11-33　倒角化项目　　　　图 11-34　十字轴模型

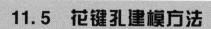
11.5 花键孔建模方法

11.5.1 拉伸切除

右击"前视基准面"进行草图绘制，绘制两个直径分别为 32 mm 和 55 mm 的同心圆，单击"拉伸凸台/基体"按钮，拉伸长度为 46 mm。右击空心轴端面进行草图绘制，分别绘制两个直径为 32 mm 和 38 mm 的同心圆，单击"直线"按钮，竖直连接两个圆边，直线距离设置为 3.05 mm，绘制中心线并镜向对称该直线。最终绘制的草图如图 11-35 所示。

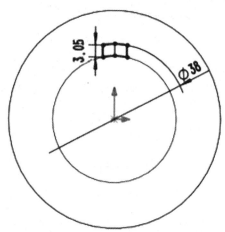

图 11-35　拉伸切除基准草图 1

单击"裁剪实体"按钮 ![裁剪实体]，裁去多余的边线，如图 11-36 所示，单击"拉伸切除"按钮 ![拉伸切除]，切除方式为"完全贯穿"，如图 11-37 所示。

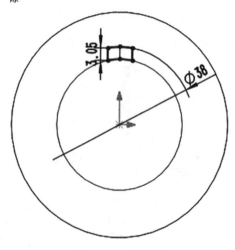

图 11-36　裁剪边线

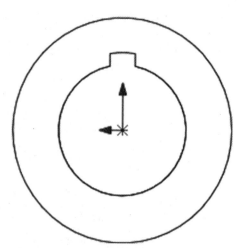

图 11-37　拉伸切除

11.5.2 圆周阵列

单击"线性阵列"按钮下三角，再单击"圆周阵列"按钮 圆周阵列，阵列特征选择图 11-37 的拉伸切除特征，方向参考为圆柱体圆周方向，阵列个数为 8，其余参数设置如图 11-38 所示，圆周阵列效果如图 11-39 所示。

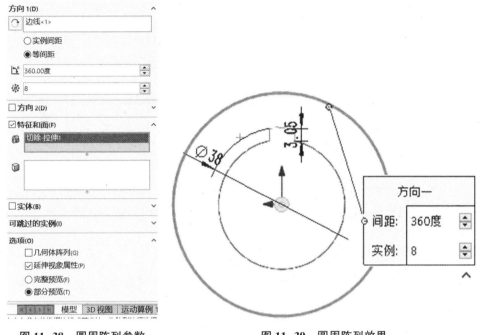

图 11-38 圆周阵列参数   图 11-39 圆周阵列效果

11.5.3 倒角

单击"倒角"按钮，倒角参数为 1 mm、45°，边线选择如图 11-40 所示。因为该零件为对称结构，故花键轴两端面都是一样的特征参数，最终完成花键轴模型的建立，如图 11-41 所示。

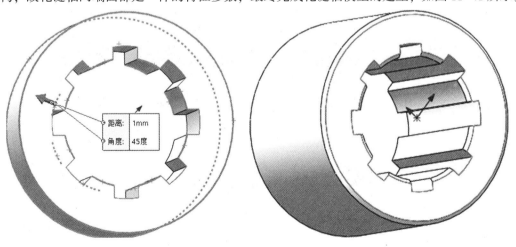

图 11-40 倒角化项目   图 11-41 花键轴模型

11.6 柱塞建模方法

11.6.1 旋转凸台

右击"前视基准面"进行草图绘制，如图 11-42 所示，单击"旋转凸台/基体"按钮 旋转凸台/基体，旋转轴选择尺寸为 53 mm 的边，旋转角度为 360°，旋转预览图如图 11-43 所示。

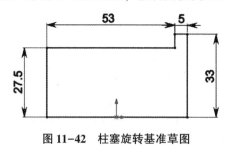

图 11-42 柱塞旋转基准草图　　　　　　　图 11-43 旋转预览图

11.6.2 倒角

单击"倒角"按钮，选择图 11-44 所示两条边，倒角参数设置为 2 mm、45°，最终完成柱塞模型的建立，如图 11-45 所示。

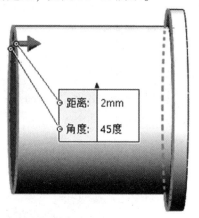

图 11-44 倒角化项目　　　　　　　　图 11-45 柱塞模型

11.7 万向轴装配方法

单击"文件"→"新建"→"gb_assembly"，进入装配体界面，如图 11-46 所示。

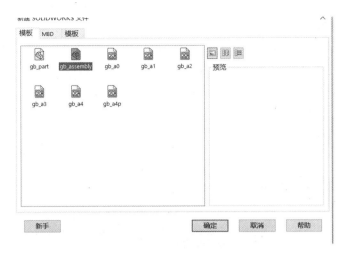

图 11-46 进入装配体界面

单击"插入零部件"按钮 插入零部件，浏览文件夹，打开并插入主轴模型，如图 11-47 所示。

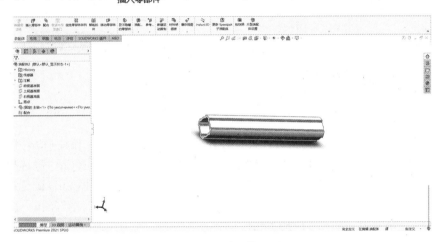

图 11-47 装配体界面

再次单击"插入零部件"按钮 插入零部件，浏览文件夹，打开并插入柱塞模型。单击"配合"按钮 配合，再单击"同轴心"按钮◎，如图 11-48 所示。单击 ✔ 按钮，同轴心配合完成。然后单击"重合"按钮人，如图 11-49 所示。单击 ✔ 按钮，重合配合完成。

图 11-48 圆轴心配合

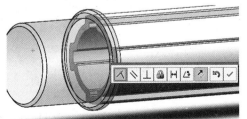

图 11-49 重合配合

单击"插入零部件"按钮，浏览文件夹，打开并插入转接头模型，这里介绍配合的快捷操作：按住〈Ctrl〉键选中如图 11-50 所示的两个圆柱面，这时会弹出配合框，单击"同轴心"按钮◎，同轴心配合自动完成。同样，按住〈Ctrl〉键选择转接头底面和柱塞的一面，单击"重合"按钮人，重合配合自动完成，如图 11-51 所示。

图 11-50　配合框

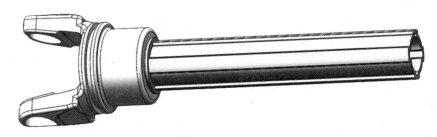

图 11-51　转接头约束完成

单击"插入零部件"按钮，浏览文件夹，打开并插入十字轴模型，按住〈Ctrl〉键选择十字轴一端圆柱侧面和转接头侧孔内侧面，配合选择"同轴心"；再次按住〈Ctrl〉键选择刚才选中的圆柱底面和转接头侧面，配合选择"相切"，如图 11-52 所示；按住〈Ctrl〉键选择十字轴侧面和转接头底部端面，配合选择"平行"。一次同轴心配合、一次相切配合和一次平行配合已经将十字轴完全约束，如图 11-53 所示。

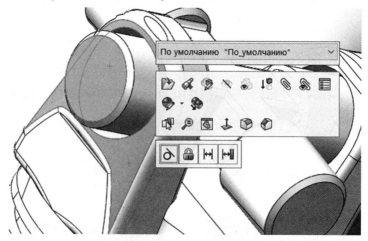

图 11-52　相切配合

图 11-53 十字轴约束完成

单击"插入零部件"按钮,浏览文件夹,打开并插入转接头模型,此阶段配合与上一段配合过程一致,故不再赘述,最终效果如图 11-54 所示。

图 11-54 两对称转接头约束完成

单击"插入零部件"按钮,浏览文件夹,打开并插入花键孔模型,按住〈Ctrl〉键选择花键孔外圆侧面和转接头底部内圆侧面,配合选择"同轴心";再次按住〈Ctrl〉键选择花键孔底部端面和转接头底部端面,配合选择"重合"。一次同轴心配合和一次重合配合已经将花键孔完全约束,如图 11-55 所示。

图 11-55 花键孔约束完成

由于万向轴结构是左右对称结构,其右端的配合和左端的一致,故另一端的配合就不再阐述,按左端配合在万向轴的右端插入零件并进行配合,万向轴的建模完成,如图 11-56所示。

图 11-56 万向轴模型

11.8 万向轴建模参数

万向轴建模参数如表 11-1 所示。

表 11-1　万向轴建模参数

名称	数据	名称	数据
主轴长度/mm	330	转接头小径/mm	90
主轴厚度/mm	4.5	转接头深孔直径/mm	55
主轴外径/mm	58.5	十字轴外圆柱直径/mm	34.9
主轴内径/mm	49.5	十字轴外圆柱长度/mm	35
转接头大径/mm	130	花键槽深度/mm	46
花键槽宽/mm	6	花键直径/mm	38

第 12 章
驱动桥壳与半轴套管建模

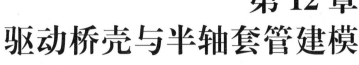

12.1 概述

　　驱动桥壳在汽车构造中具有举足轻重的地位，其设计精巧且功能多样。驱动桥壳作为汽车动力传输系统的关键组成部分，其主要功能在于支撑并保护主减速器、差速器和半轴等核心部件。通过其坚固的结构，确保这些重要部件的稳定运行，为汽车提供可靠的动力传输保障。同时，驱动桥壳在汽车的悬架系统中也发挥着不可或缺的作用。它与悬架或轮毂紧密相连，通过合理的安装设计，使得左右驱动轮的位置得以稳固，确保汽车在行驶过程中的稳定性和安全性。除此之外，驱动桥壳还需承受来自地面的各种反作用力和力矩。无论是崎岖不平的山路，还是平坦顺畅的高速公路，车轮传来的地面反作用力都会经过驱动桥壳的缓冲和传递，最终分散到车架之上。这种承受能力体现了驱动桥壳的坚固性和其他卓越的性能。

　　在制造工艺上，整体式驱动桥壳以其独特的优势而备受青睐。驱动桥壳主体通过一体化铸造而成，确保了其整体结构的稳定性和可靠性。同时，半轴套管也通过铸造工艺与驱动桥壳主体紧密连接，通过过盈配合和焊接技术，使两者之间的连接更加牢固，从而提高整个驱动桥壳的耐用性和可靠性。这种制造工艺不仅提高了生产效率，也确保了驱动桥壳的高品质。

　　驱动桥壳材料的选择对于汽车的性能和耐用性至关重要。常见的驱动桥壳材料包括铸铁、铝合金、碳纤维、纳米陶瓷和塑料等。铸铁因其优良的机械性能和耐磨性，适用于重型车辆和工程机械。铝合金则以其轻质、高强度和良好耐腐蚀性，在要求结构轻量化的驱动桥壳中广泛应用。碳纤维因其高强度、高刚度特性，在高性能跑车和赛车中使用较多。纳米陶瓷以其高硬度、高强度和高耐磨性，在提升驱动桥壳使用寿命方面表现突出。塑料则因其优良的电绝缘性能、耐化学腐蚀性和低成本，在需要绝缘保护的驱动桥壳中有所应用。这些材料各有特点，根据车辆类型和使用环境的不同，选择适合的材料是确保驱动桥壳性能的关键。

　　半轴套管(也称半轴壳、桥壳半轴套管)，是汽车驱动桥总成上的重要零件，它通常与主减速器壳连为一体，用以支承并保护半轴，同时承受来自汽车行驶过程中的载荷及扭矩。半轴套管的结构设计通常是中空的，以便于半轴的插入。它的一端与轮毂轴承相连，另一端则与差速器相连，通过差速器来驱动半轴和车轮的旋转。因此，半轴套管不仅需要承受来自路面的各种冲击和振动，还需要传递来自发动机的动力。为了确保半轴套管的强度和耐久性，它通常采用优质合金钢制造，并经过精密的加工工艺处理。此外，半轴套管的安装位置和角度也需要精确控制，以确保与轮毂轴承和差速器的良好配合。在汽车维护和保养过程中，对半轴套管的检查和维修也至关重要。如果发现半轴套管存在磨损、裂纹或其他损坏情况，应及时进行更换或修复，避免对行车安全造成影响。

12.2　驱动桥壳建模方法

建立驱动桥壳模型时，根据其组合特性，将结构分为驱动桥壳主体部分和半轴套部分。驱动桥壳通过两侧的弹簧座结构与钢板弹簧相连，支撑起整个汽车。驱动桥壳主体部分又可以分为上、下驱动桥壳和前、后驱动桥壳。在驱动桥壳整体部分上有起连接弹簧作用的两个弹簧座，同时还有加强筋及后盖加强环等细节结构。

驱动桥壳主体的建模方法如下。

12.2.1　初始准备

双击 SolidWorks 图标进入初始界面，在菜单栏单击"文件"→"新建"或按〈Ctrl+N〉组合键，选择"零件"，单击"确定"按钮，进入 SolidWorks 操作界面。由于驱动桥壳主体部分左右对称，因此建模时选择建立其中一半的模型，并进行镜向操作。

12.2.2　基准面建立

这里选择从两端开始建模，此时需要一个基准面。单击特征工具栏中"参考几何体"按钮下三角，选择"基准面"选项，如图 12-1 所示。在左侧的属性栏中选择"第一参考"为"右视基准面"，以实际的桥壳两端到中心距离 717.5 mm 为参数，如图 12-2 所示，设置完成后单击 ✔ 按钮即可得到基准面 1。

图 12-1　参考基准面位置　　　　图 12-2　基准面 1 的参数设置

12.2.3 拉伸凸台

选中之前建立的基准面 1，单击草图工具栏中的"草图绘制"按钮，进入草图绘制界面，在左侧属性栏将光标对准基准面 1 位置，右击，在弹出的快捷菜单中，单击"正视于"命令 。在"草图"工具栏中单击"圆"按钮，如图 12-3 所示，以坐标原点为圆心，绘制半径为 90 mm 的圆，如图 12-4 所示。

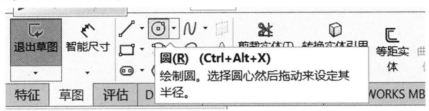

图 12-3　草图工具栏"圆"按钮

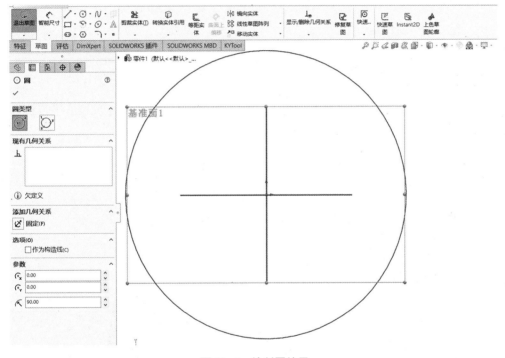

图 12-4　绘制圆结果

草图绘制结束后单击"退出草图"按钮 ，然后单击特征工具栏中的"拉伸凸台/基体"按钮，在左侧的属性栏设置"给定深度"为 10 mm，向右视图方向拉伸（观察圆柱上的箭头方向，若不是指向右视图方向，即在左侧属性栏中单击 按钮），结果如图 12-5 所示。最后，单击 ✓ 按钮，得到凸台-拉伸 1。

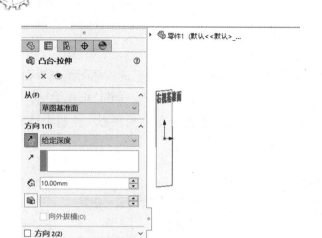
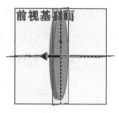

图 12-5　拉伸参数设计

12.2.4　拉伸切除

在特征工具栏中单击"拉伸切除"按钮 拉伸切除，选择基准面 1 为基准面，进入草图绘制界面，以坐标原点为圆心，绘制半径为 46 mm 的圆，单击"退出草图"按钮 ，进行拉伸切除设置，设置"给定深度"为 10 mm，方向同拉伸方向，如图 12-6 所示。

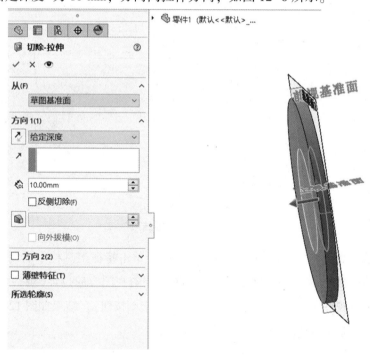

图 12-6　切除参数设置

得到切除-拉伸 1 的几何模型，如图 12-7 所示。

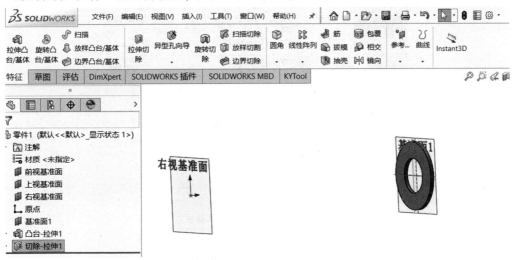

图 12-7　切除后的几何模型

12.2.5　凸台-拉伸管 1

在几何体上选择如图 12-8 所示的面为基准面，后续草图绘制操作基于该面进行。

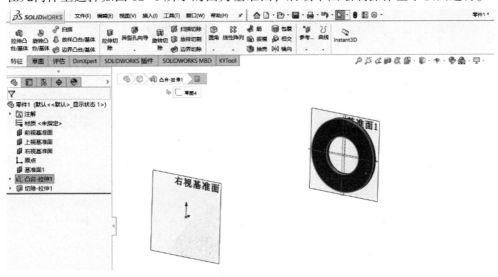

图 12-8　管 1 基准面

单击特征工具栏中的"拉伸凸台/基体"按钮进入草图绘制界面。选中圆线，单击草图工具栏中的"转换实体引用"按钮 ，将刚选中的圆线实体化作为本次草图的一部分。然后单击草图工具栏中的"矩形"按钮下三角，选择"中心矩形"（图 12-9），以坐标原点为矩形的中点绘制矩形，并单击草图工具栏中的"智能尺寸"按钮 ，选中矩形一条边及坐标原点，将其尺寸改为 51 mm，其他边同理，修改完后的草图如图 12-10 所示。

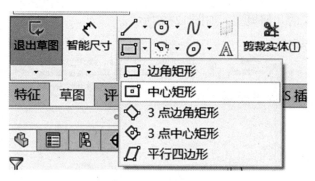

图 12-9　"中心矩形"命令

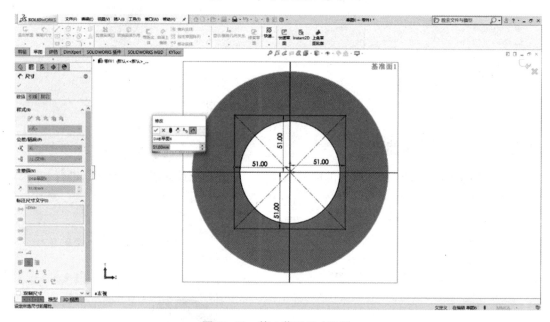

图 12-10　管 1 草图尺寸设置

最终得到的草图如图 12-11 所示。

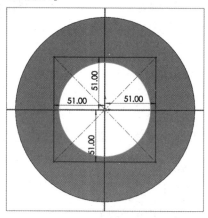

图 12-11　最终得到的草图

单击 按钮，进行拉伸特征设置，在左侧的属性栏设置"给定深度"为 70 mm，向右视图方向拉伸(观察圆柱上的箭头方向，若不是指向右视图方向，则在左侧属性栏中单击↗按钮)，结果如图 12-12 所示。最后，单击 ✓ 按钮得到凸台-拉伸 2。

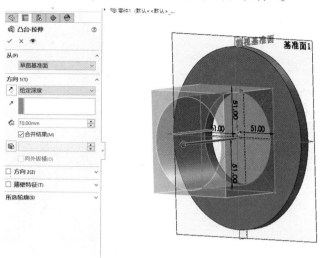

图 12-12　管 1 拉伸特征参数设置

12.2.6　大幅度圆角

根据驱动桥壳的结构特点，两端为弧状，在上一步中建立的柱体，需在此基础上进行大幅度圆角操作。单击特征工具栏中的"圆角"按钮 <img圆角>，选择"圆角类型"为 ，选中柱体侧面一条边，按住〈Ctrl〉键选中其他 3 条边。在"变半径参数"栏分别将一条边的一端设置为 0 mm 圆角，另一端为 40 mm 圆角，如图 12-13 所示，其他参数不变，单击 ✓ 按钮得到圆角后的结构，如图 12-14 所示。

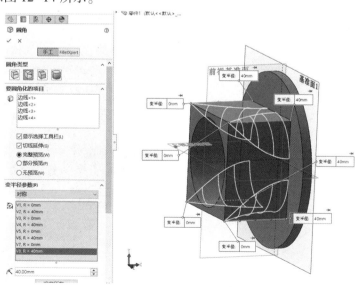

图 12-13　倒圆角特征参数设置

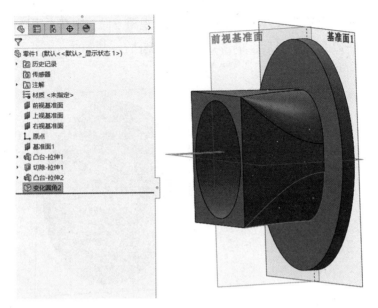

图 12-14　圆角结果

12.2.7　内管 1

　　根据驱动桥壳的结构特点，两侧内部中空部位大小有所变化，建模时需要分开建模，又根据实物数据，第一个内管与前端相同，故直接建立凸台柱体即可。选择如图 12-15 所示面作为基准面，单击特征工具栏中的"拉伸凸台/基体"按钮进入草图绘制界面。利用转换实体方法，将周围的四边形与中心圆绘出，得到如图 12-16 所示草图。单击 按钮，退出草图绘制界面，进行拉伸特征设置。根据实物测量数据，输入"给定深度"为 137.5 mm。单击 按钮得到内管 1，如图 12-17 所示。

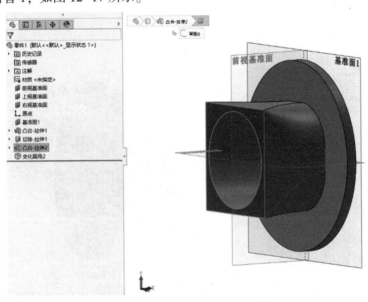

图 12-15　内管部分 1 基准面

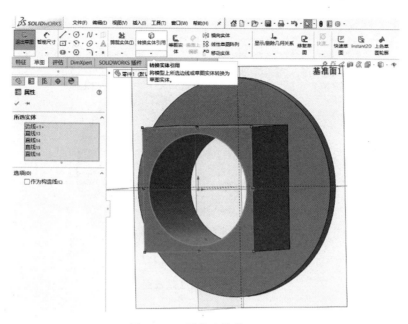

图 12-16　转换实体草图结果

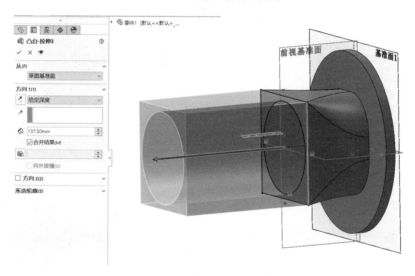

图 12-17　内管 1 拉伸特征参数设置

12.2.8　内管 2

由于受力等原因，内管 2 的壁比较厚，同内管 1 建模相似，选择如图 12-18 所示面作为基准面，单击特征工具栏中的"拉伸凸台/基体"按钮进入草图绘制界面。利用转换实体方法，将周围的四边形绘出，用等距实体方法将内部圆变小。选中如图 12-19 所示的中间圆几何线，单击"等距实体"按钮，设置"参数"为 5 mm，且勾选"反向"复选按钮，设置后即可得到等距圆。单击 ↰ 按钮退出草图界面，进行拉伸特征设置。根据实物测量数据，输入"给定深度"为 198 mm。单击 ✔ 按钮得到内管 2，如图 12-20 所示。

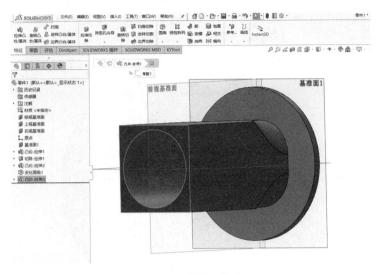

图 12-18　内管 2 基准面

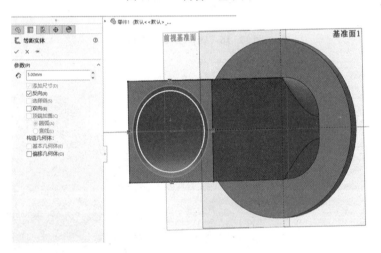

图 12-19　等距实体参数设置

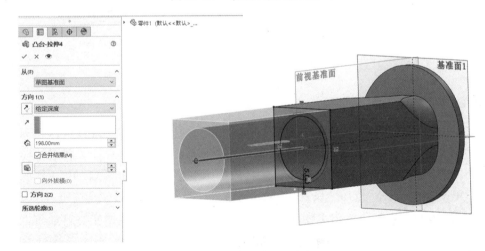

图 12-20　内管 2 拉伸特征参数设置

12.2.9 中间部分上下表壳

由于中间部分上下表壳对称，在建模过程中为了简便操作，只利用凸台建立上下表壳中的一块，利用镜向操作即可得到另外部分整体，这里选择建立下半部分。如图 12-21 所示，先选择前视基准面为基准面，然后单击特征工具栏中的"拉伸凸台/基体"按钮，进入草图绘制界面，利用草图工具栏中的"中心线"命令，按照绘制直线的流程绘制一条竖直的中心线，同时选中绘制的中心线以及原几何图形中的竖直线段，在左侧的属性栏中设置两条线的几何关系为"共线"，如图 12-22 所示。

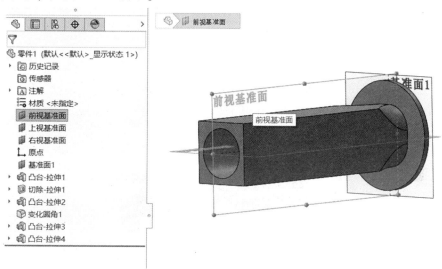

图 12-21 选择前视基准面为基准面

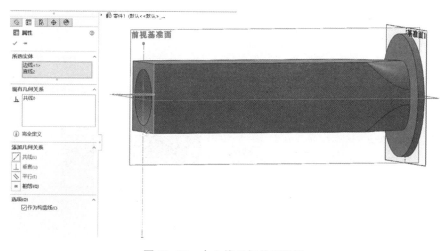

图 12-22 中心线几何关系设置

在刚绘制的中心线上的任意位置绘制一个直径为 420 mm 的圆，如图 12-23 所示。在图 12-24 中选中绘制的圆以及原几何图中下侧一条横线，在左侧的属性栏中设置几何关系为"相切"，得到的图形如图 12-25 所示。

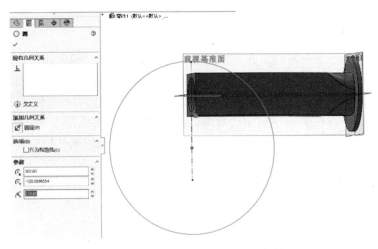

图 12-23　在中心线上绘制圆及参数

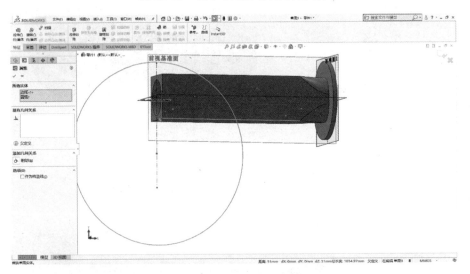

图 12-24　选中需要添加关系的线

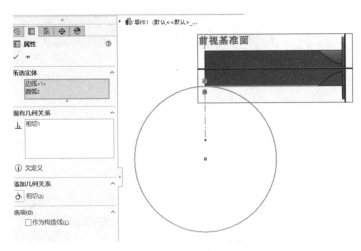

图 12-25　对绘制的圆添加几何关系

同样，以原点为中心建立一个直径为 350 mm 的中心圆，如图 12-26 所示，并在设置几何关系为"固定"；同理，双击之前建立的圆，设置几何关系为"固定"。再单击草图工具栏中的"直线"按钮，建立任意一条直线，如图 12-27 所示。分别选中刚建立的直线以及一个圆，设置几何关系为"相切"，结果如图 12-28 所示。

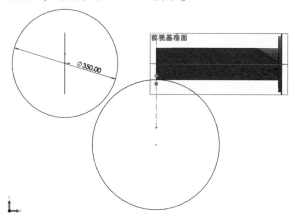

图 12-26　以原点为圆心绘制圆

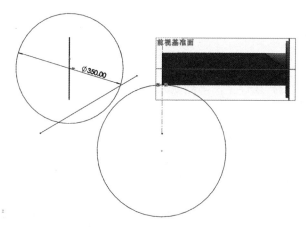

图 12-27　绘制一条直线

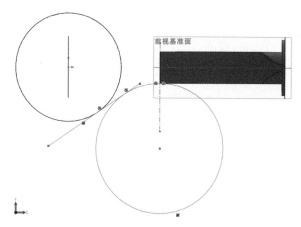

图 12-28　对线与两圆添加几何关系

同上建立中心线流程相同，以原点为起点再建立一条竖直中心线。在草图工具栏中单击"剪切实体"按钮，对刚建立的草图中多出的几何线段进行剪裁，如图 12-29 所示，剪裁结束单击 ✔ 按钮退出剪裁。

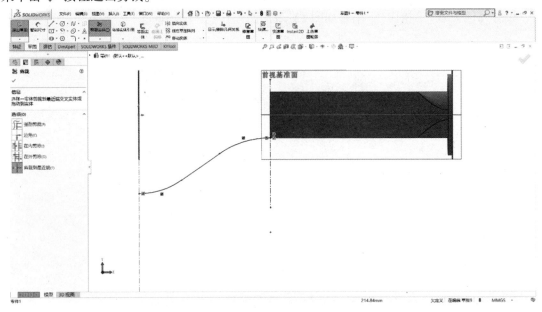

图 12-29 剪裁结果

选择草图工具栏中的"线性草图阵列"按钮 线性草图阵列，选中刚绘制的所有线段，需要注意的是平移的方向是竖直向上，而根据左下角的轴方向可知，默认的 X 轴的方向不是竖直方向，因此更改旋转角度为 90°，阵列距离为 5 mm，如图 12-30 所示，单击 ✔ 按钮完成阵列。然后对阵列的线与原线用直线将左右两侧边进行密封，结果如图 12-31 所示。

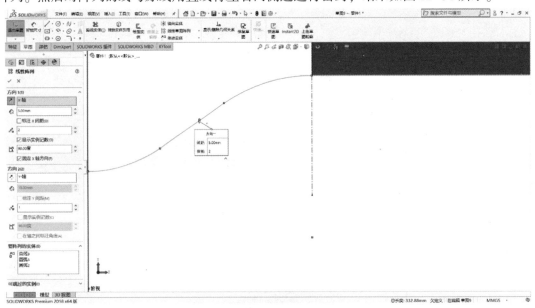

图 12-30 阵列草图参数设置

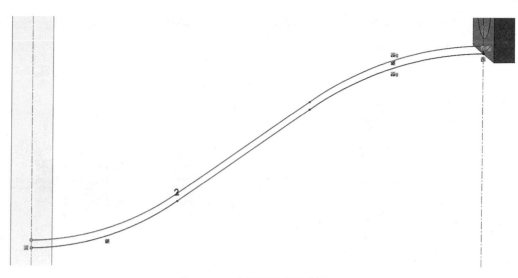

图 12-31　密封两端后的草图

单击 按钮退出草图绘制界面，进行凸台特征设置。在左侧的属性栏中设置"方向 1"为"成形到一面"，选择之前建好的几何体前侧面，即成形到该面。同样，设置"方向 2"为"成形到一面"，选择之前建好的几何体前侧面背对着的后侧面，即成形到该面，如图 12-32所示。单击 ✔ 按钮，完成中间部分下表壳建模。

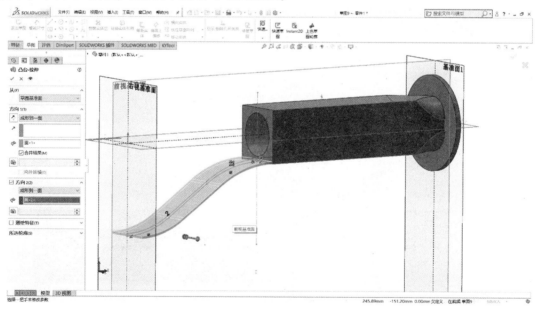

图 12-32　中间部分下表壳特征参数设置

中间部分上表壳建模采用镜向的方式建立。单击特征工具栏中的"镜向"按钮 镜向，在左侧的属性栏设置"镜向面/基准面"为"上视基准面"，"要镜向的特征"选择刚建立的"凸台-拉伸 5"，如图 12-33 所示。设置结束后单击 ✔ 按钮即得到中间部分上表壳。

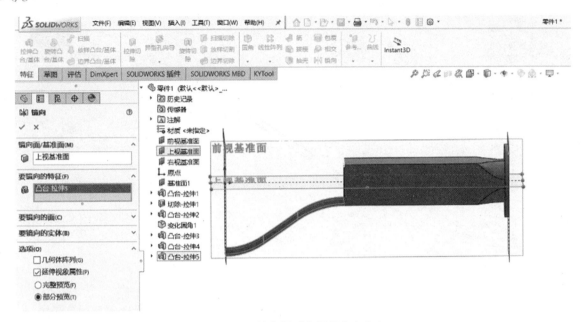

图 12-33　镜向得到中间部分上表壳

12.2.10　中间部分前后表壳

中间部分为壳体，选择凸台拉伸的方式填充该部分壳的厚度。选择如图 12-34 所示的面作为基准面，单击特征工具栏中的"拉伸凸台/基体"按钮进入草图绘制界面。利用转换实体方法，选中如图 12-35 所示的线段并转换成草图线。

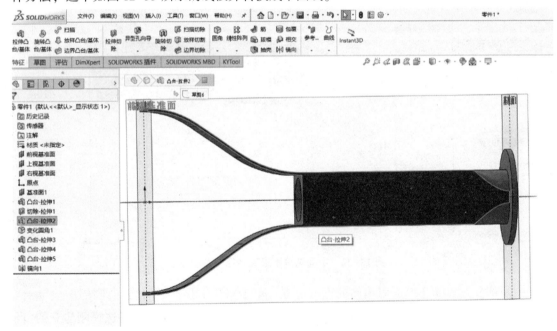

图 12-34　中间部分前表壳基准面

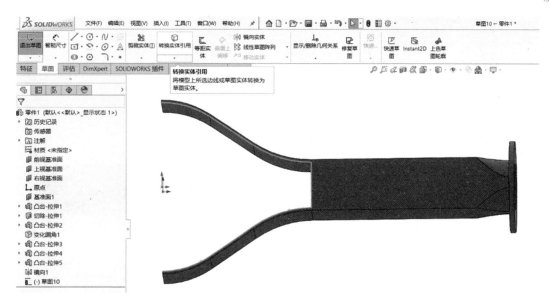

图 12-35　需要转换实体的线

　　由于中间位置有一个空心圆，在绘制过程中需以原点为圆心绘制出一个直径为 340 mm 的圆，如图 12-36 所示。在草图工具栏中单击"剪切实体"按钮，对刚建立的草图中多出的几何线段进行剪裁，剪裁结束单击 ✔ 按钮退出剪裁，如图 12-37 所示。单击 按钮退出草图绘制界面，进行拉伸特征设置。根据实物测量数据，输入"给定深度"为 7 mm，拉伸方向向后，单击 ✔ 按钮完成中间部分前表壳的建模，如图 12-38 所示。

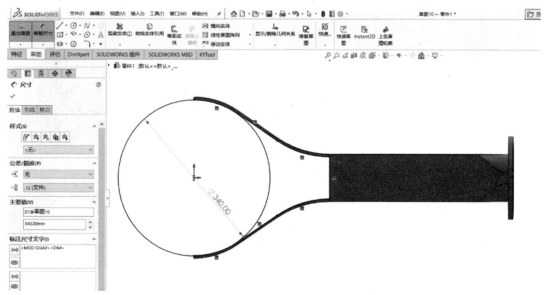

图 12-36　绘制草图圆

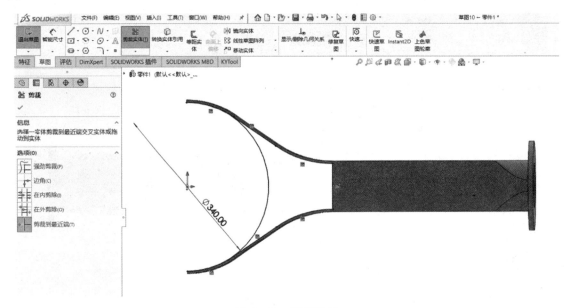

图 12-37　剪裁结果

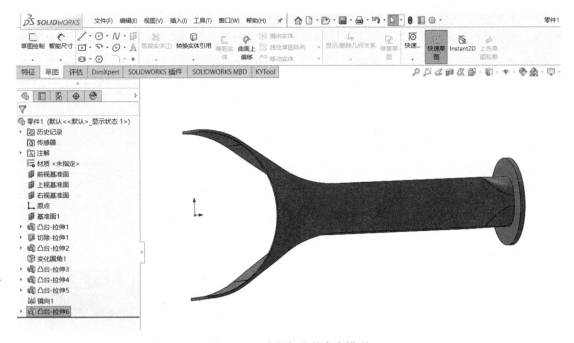

图 12-38　中间部分前表壳模型

　　中间部分后表壳建模采用镜向的方式建立。单击特征工具栏中的"镜向"按钮 ⵌⵌ 镜向，在左侧的属性栏中设置"镜向面/基准面"为"前视基准面"，"要镜向的特征"选择刚建立的"凸台-拉伸6"，如图 12-39 所示。设置结束后单击 ✔ 按钮得到中间部分后表壳。最终得到的几何模型如图 12-40 所示。

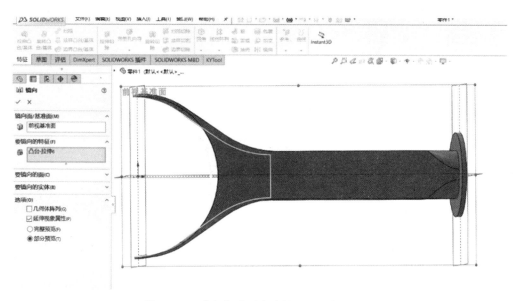

图 12-39 中间部分后表壳镜向特征参数设置

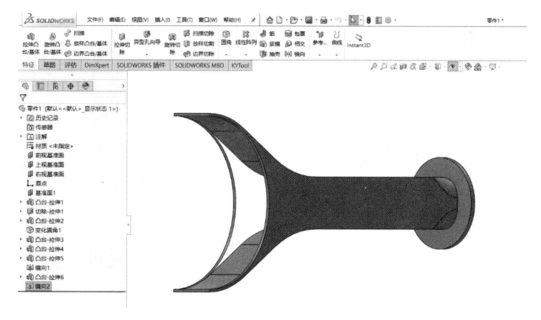

图 12-40 中间部分后表壳模型图

12.2.11 前端壳连接环

选择如图 12-41 所示的面作为基准面，单击特征工具栏中的"拉伸凸台/基体"按钮进入草图绘制界面。单击草图工具栏中的"圆"按钮，以原点为圆心分别绘制直径为 300 mm 和 350 mm 的圆，如图 12-42 所示。单击 ↳ 按钮退出草图绘制界面，进行拉伸特征设置。根据实物测量数据，输入"给定深度"为 6 mm，拉伸方向向前，单击 ✔ 按钮完成中间部位前端连接环的建模，如图 12-43 所示。

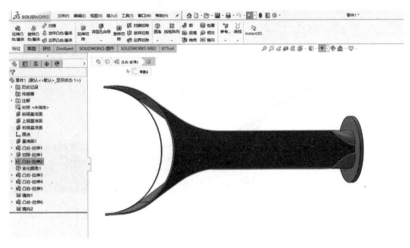

图 12-41　连接环基准面

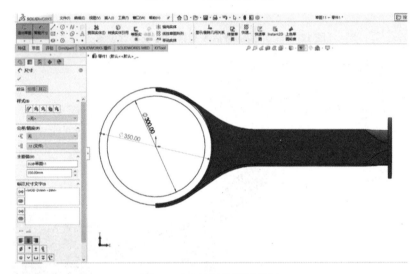

图 12-42　绘制连接环草图

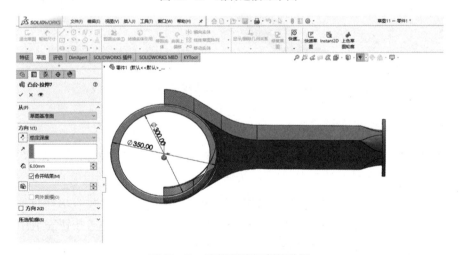

图 12-43　连接环特征参数设置

12.2.12　后端壳盖

后端壳盖为一个半圆状,采用扫描的方式建立模型。选择如图 12-44 所示的上视基准面为基准面,单击草图工具栏中的"草图绘制"按钮,在上视基准面上绘制草图。

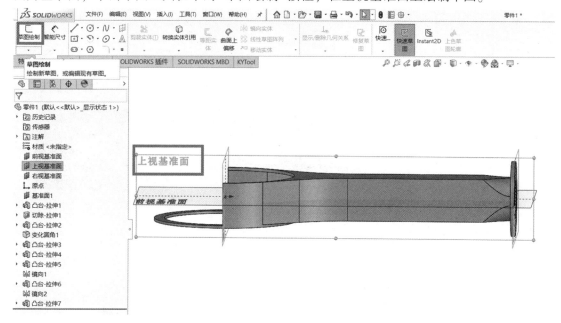

图 12-44　选择上视基准面作为基准面绘制草图

以原点为圆心分别绘制出 346 mm 和 340 mm 的圆,如图 12-45 所示。同时,单击"直线"→"中心线",分别绘制一条以原点为起点和以如图 12-46 所示已建模型圆周最右侧上的点(图中圆点)为起点的中心线,双击该点,在弹出的窗口中添加几何关系为"固定",如图 12-47 所示。

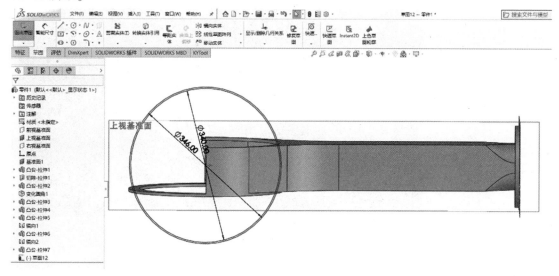

图 12-45　绘制两个同心圆

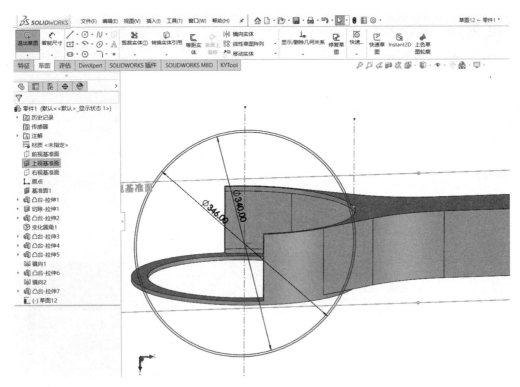

图 12-46　建立两条中心线

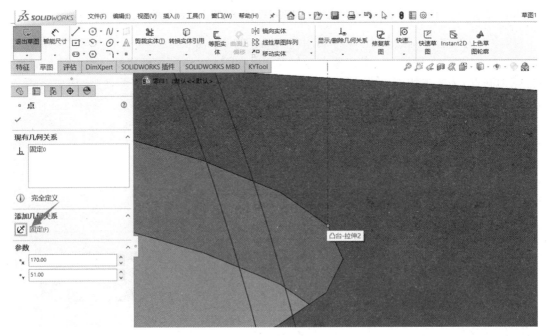

图 12-47　固定边角点

单击草图工具栏中的"边角矩形"按钮，以刚固定的点为起点建立如图 12-48 所示 10 mm×3 mm 的矩形草图。同时，在此处的中心线上绘制两个同心圆，直径分别为 14 mm 和 20 mm，如图 12-49 所示。

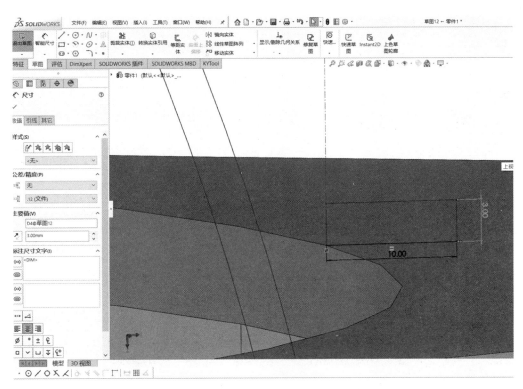

图 12-48　绘制边角矩形

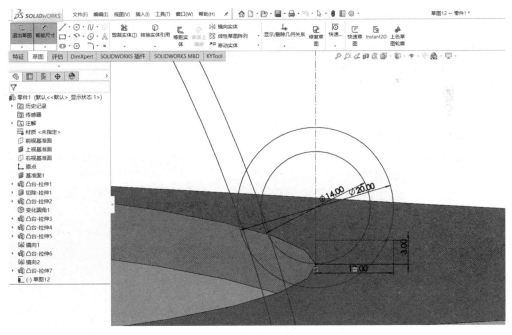

图 12-49　绘制两个圆心圆

选中直径为 20 mm 圆，按住〈Ctrl〉键不放，同时选择直径为 340 mm 的圆，添加几何关系为"相切"，如图 12-50 所示。再选中草图矩形下面的那条边，按住〈Ctrl〉键不放，同时选中直径为 20 mm 的圆，添加几何关系为"相切"，如图 12-51 所示。

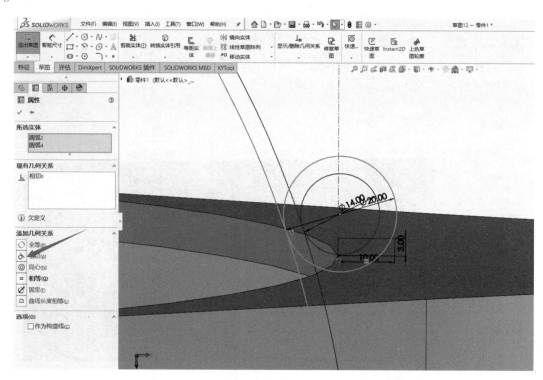

图 12-50　设置圆与圆的几何关系

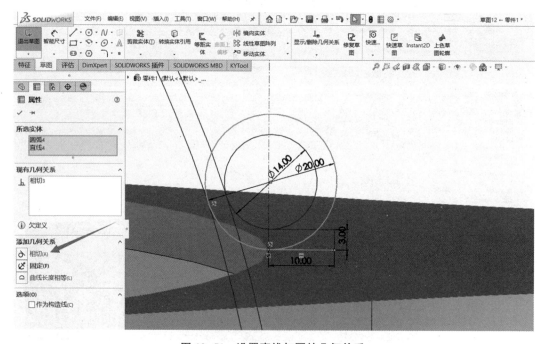

图 12-51　设置直线与圆的几何关系

在草图工具栏中单击"剪切实体"按钮 ，对刚建立的草图中多出的几何线段进行剪裁，剪裁结束单击 按钮退出剪裁，如图 12-52 所示。

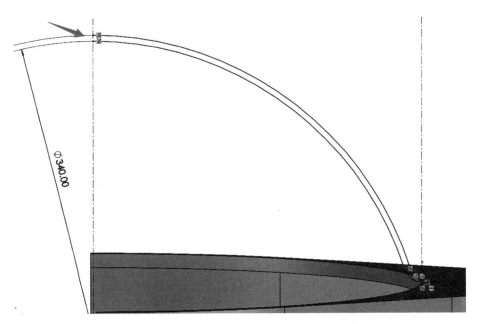

图 12-52　未密封部分

　　将草图左上角未闭合部分，利用草图工具栏中的"直线"命令进行密封，如图 12-53 所示。单击 按钮退出草图绘制界面。

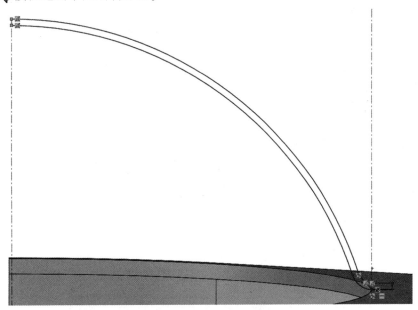

图 12-53　密封草图结果

　　选中如图 12-54 所示草图 12，单击特征工具栏中的"旋转凸台/基体"按钮，进行旋转凸台设置。选择旋转轴为草图 12 中过原点的中心线，设置方向为"给定深度"，旋转角度为 360°，单击 按钮完成旋转凸台操作，参数设置如图 12-55 所示，最终得到如图 12-56 所示半球型后端壳盖。

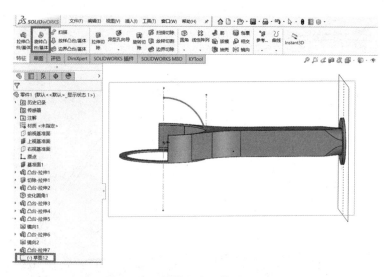

图 12-54　旋转凸台及草图 12 位置

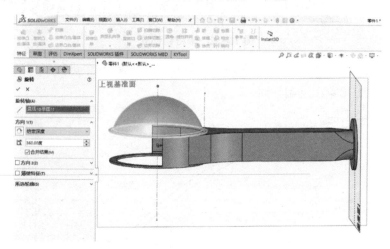

图 12-55　后端壳盖旋转凸台参数设置

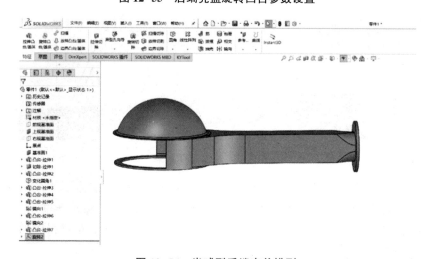

图 12-56　半球型后端壳盖模型

12.2.13　全面镜向左侧

单击特征工具栏中的"镜向"按钮 镜向，在左侧的属性栏中设置"镜向面/基准面"为"右视基准面"，如图 12-57 所示；"要镜向的实体"选择已建立的右侧桥壳模型，如图 12-58 所示。设置结束，单击 ✓ 按钮即得到完整的桥壳，如图 12-59 所示。

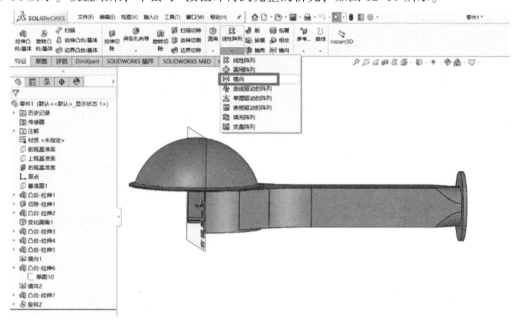

图 12-57　设置镜向基准面

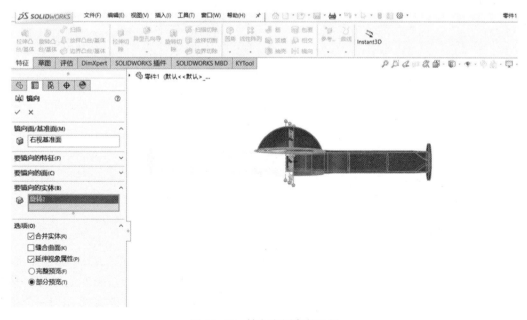

图 12-58　镜向左侧参数设置

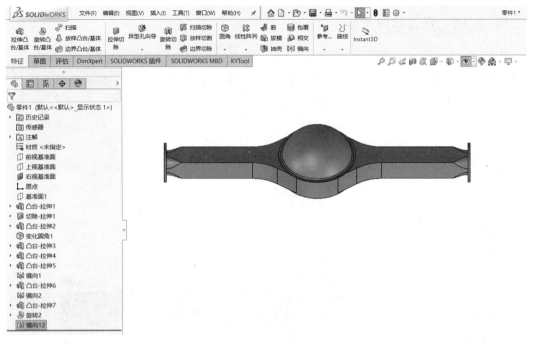

图 12-59　完整的桥壳主体部分模型

最后，读者可根据参考的桥壳主体实物进行细节处理，用拉伸凸台或拉伸切除，在相应位置添加细节部分，再经过材料设置后得到最终桥壳主体模型，如图 12-60 所示。

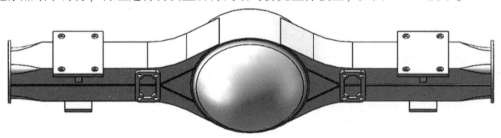

图 12-60　最终桥壳主体模型

12.3　半轴套管建模方法

12.3.1　初始准备

双击 SolidWorks 图标进入初始界面，在菜单栏单击"文件"→"新建"或按〈Ctrl+N〉组合键，选择"零件"，单击"确定"按钮，进入 SolidWorks 操作界面。由于桥壳左右对称，两端都有一个半轴套管，因此在建模时只需要建立一个半轴套管，在装配的时候多添加一个相同半轴套即可。

12.3.2　凸台-拉伸 1

选择右视基准面作为基准面，单击特征工具栏中的"拉伸凸台/基体"按钮进入草图绘制界面，如图 12-61 所示。单击草图工具栏中的"圆"按钮，以原点为圆心，建立一个直径为 94 mm 的圆，如图 12-62 所示。

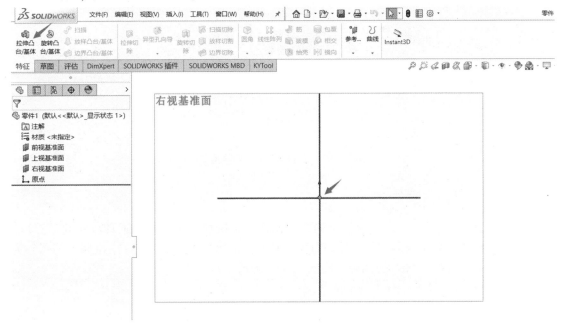

图 12-61　凸台-拉伸 1 右视基准面

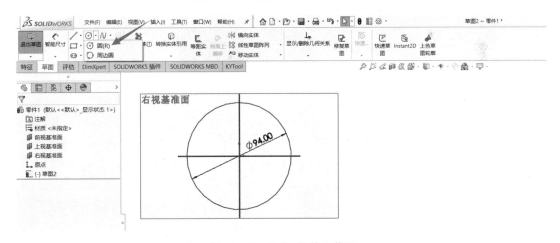

图 12-62　凸台-拉伸 1 草图

草图绘制结束，单击 ↵ 按钮，进行拉伸特征设置。在左侧的属性栏设置"给定深度"为 207.5 mm，向右视图左方向拉伸(观察圆柱上的箭头方向，若不是指向右视图左方向，则在左侧属性栏中单击 ↗ 按钮)，结果如图 12-63 所示。最后，单击 ✔ 按钮得到凸台-拉伸 1。

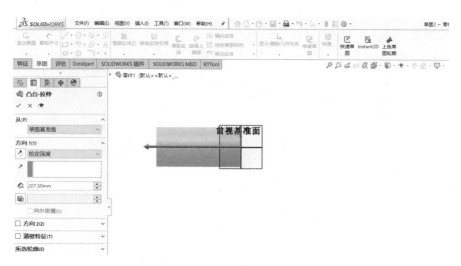

图 12-63　凸台-拉伸 1 参数设置

12.3.3　凸台-拉伸 2

选择如图 12-64 所示凸台-拉伸 1 的左台面作为基准面，单击特征工具栏中的"拉伸凸台/基体"按钮进入草图绘制界面，单击草图工具栏中的"圆"按钮，以凸台-拉伸 1 的圆心为圆心，建立一个直径为 90 mm 的圆，如图 12-65 所示。

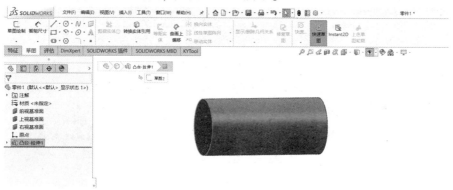

图 12-64　凸台-拉伸 2 基准面

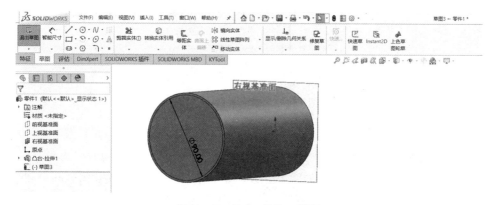

图 12-65　凸台-拉伸 2 草图

草图绘制结束，单击 按钮，进行拉伸特征设置。在左侧的属性栏设置"给定深度"为 87 mm，向右视图的左方向拉伸(观察圆柱上的箭头方向，若不是指向右视图的左方向，则在左侧属性栏中单击 按钮)，结果如图 12-66 所示。最后，单击 ✔ 按钮得到凸台-拉伸 2。

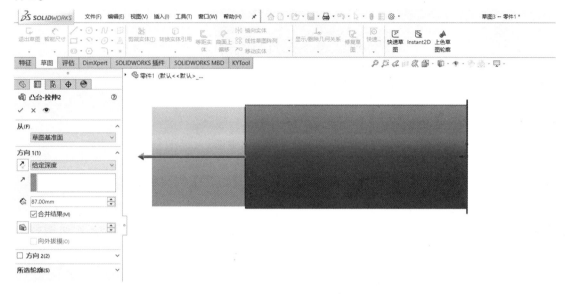

图 12-66　凸台-拉伸 2 特征参数设置

12.3.4　凸台-拉伸 3

选择如图 12-67 所示凸台-拉伸 2 的左台面作为基准面，单击特征工具栏中的"拉伸凸台/基体"按钮进入草图绘制界面，单击草图工具栏中的"圆"按钮，以凸台-拉伸 2 的圆心为圆心，建立一个直径为 80 mm 的圆，如图 12-68 所示。

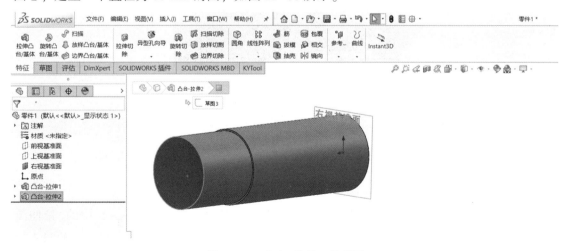

图 12-67　凸台-拉伸 3 基准面

图 12-68　凸台-拉伸 3 草图

草图绘制结束，单击 ⌐✏ 按钮，进行拉伸特征设置。在左侧的属性栏设置"给定深度"为 15 mm，向右视图的左方向拉伸（观察圆柱上的箭头方向，若不是指向右视图的左方向，则在左侧属性栏中单击 ↗ 按钮），结果如图 12-69 所示。最后，单击 ✔ 按钮得到凸台-拉伸 3。

图 12-69　凸台-拉伸 3 特征参数设置

12.3.5　凸台-拉伸 4

选择如图 12-70 所示凸台-拉伸 3 的左台面作为基准面，单击特征工具栏中的"拉伸凸台/基体"按钮进入草图绘制界面，单击草图工具栏中的"圆"按钮，以凸台-拉伸 3 的圆心为圆心，建立一个直径为 70 mm 的圆，如图 12-71 所示。

图 12-70　凸台-拉伸 4 基准面

图 12-71　凸台-拉伸 4 草图

草图绘制结束，单击 按钮，进行拉伸特征设置。在左侧的属性栏设置"给定深度"为 45 mm，向右视图的左方向拉伸(观察圆柱上的箭头方向，若不是指向右视图的左方向，则在左侧属性栏中单击 按钮)，结果如图 12-72 所示。最后，单击 按钮得到凸台-拉伸 4。

图 12-72　凸台-拉伸 4 特征参数设置

12.3.6 凸台-拉伸 5

选择如图 12-73 所示凸台-拉伸 4 的左台面作为基准面，单击特征工具栏中的"拉伸凸台/基体"按钮进入草图绘制界面，单击草图工具栏中的"圆"按钮，以凸台-拉伸 4 的圆心为圆心，建立一个直径为 67 mm 的圆，如图 12-74 所示。

图 12-73　凸台-拉伸 5 基准面

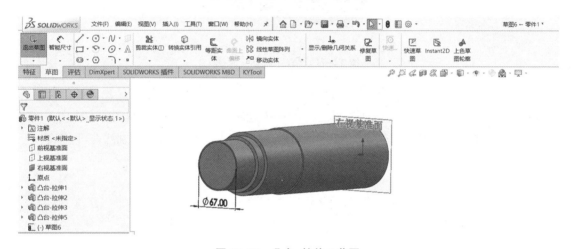

图 12-74　凸台-拉伸 5 草图

草图绘制结束，单击 按钮，进行拉伸特征设置。在左侧的属性栏设置"给定深度"为 70 mm，向右视图的左方向拉伸(观察圆柱上的箭头方向，若不是指向右视图的左方向，则在左侧属性栏中单击 按钮)，结果如图 12-75 所示。最后，单击 ✔ 按钮得到凸台-拉伸 5。

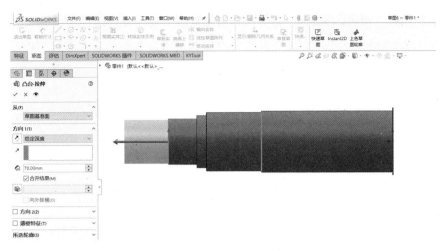

图 12-75　凸台-拉伸 5 特征参数设置

12.3.7　凸台-拉伸 6

选择如图 12-76 所示凸台-拉伸 5 的左台面作为基准面，单击特征工具栏中的"拉伸凸台/基体"按钮进入草图绘制界面，单击草图工具栏中的"圆"按钮，以凸台-拉伸 5 的圆心为圆心，建立一个直径为 65 mm 的圆，如图 12-77 所示。

图 12-76　凸台-拉伸 6 基准面

图 12-77　凸台-拉伸 6 草图

草图绘制结束，单击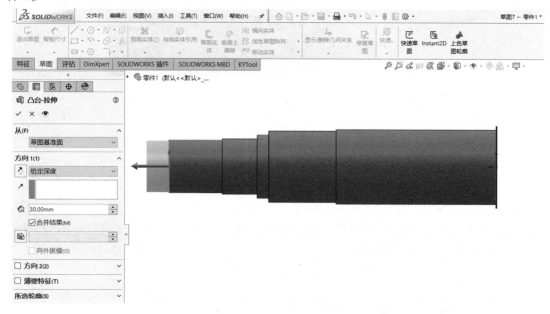按钮，进行拉伸特征设置。在左侧的属性栏设置"给定深度"为 30 mm，向右视图的左方向拉伸(观察圆柱上的箭头方向，若不是指向右视图的左方向，则在左侧属性栏中单击⬈按钮)，结果如图 12-78 所示。最后，单击 ✔ 按钮得到凸台-拉伸 6。

图 12-78　凸台-拉伸 6 特征参数设置

12.3.8　凸台-拉伸 7

选择如图 12-79 所示凸台-拉伸 6 的左台面作为基准面，单击特征工具栏中的"拉伸凸台/基体"按钮进入草图绘制界面，单击草图工具栏中的"圆"按钮，以凸台-拉伸 6 的圆心为圆心，建立一个直径为 64 mm 的圆，如图 12-80 所示。

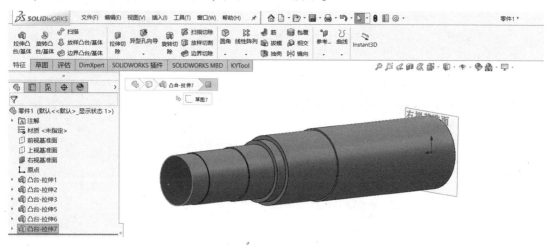

图 12-79　凸台-拉伸 7 基准面

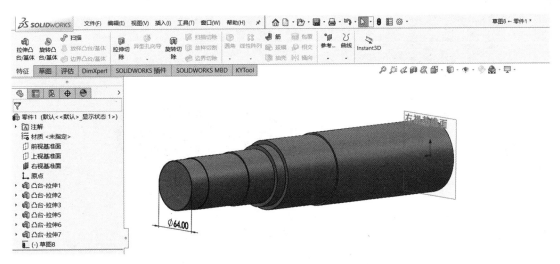

图 12-80　凸台-拉伸 7 草图

草图绘制结束，单击 按钮，进行拉伸特征设置，在左侧的属性栏设置"给定深度"为 30 mm，向右视图的左方向拉伸(观察圆柱上的箭头方向，若不是指向右视图的左方向，则在左侧属性栏中单击 按钮)，结果如图 12-81 所示。最后，单击 按钮得到凸台-拉伸 7。

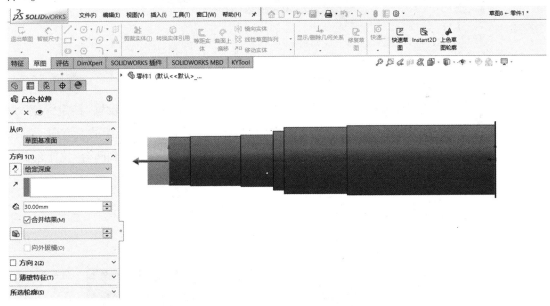

图 12-81　凸台-拉伸 7 特征参数设置

12.3.9　凸台-拉伸 8

选择如图 12-82 所示凸台-拉伸 7 的左台面作为基准面，单击特征工具栏中的"拉伸凸台/基体"按钮进入草图绘制界面，单击草图工具栏中的"圆"按钮，以凸台-拉伸 7 的圆心为圆心，建立一个直径为 50 mm 的圆，如图 12-83 所示。

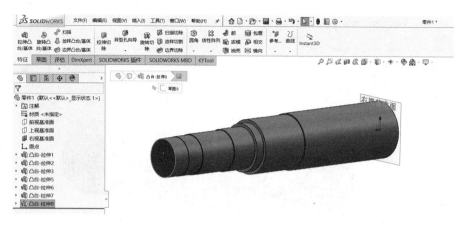

图 12-82　凸台-拉伸 8 基准面

图 12-83　凸台-拉伸 8 草图

　　草图绘制结束，单击![按钮]按钮，进行拉伸特征设置。在左侧的属性栏设置"给定深度"为 10 mm，向右视图的左方向拉伸（观察圆柱上的箭头方向，若不是指向右视图的左方向，则在左侧属性栏中单击![按钮]按钮），结果如图 12-84 所示。最后，单击 ✔ 按钮得到凸台-拉伸 8。

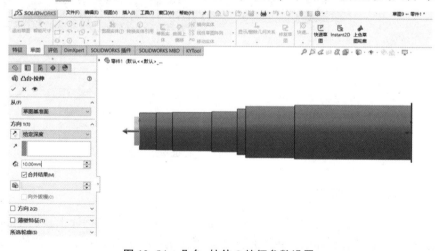

图 12-84　凸台-拉伸 8 特征参数设置

12.3.10　镂空中部

如图 12-85 所示，选择右视基准面作为基准面，单击特征工具栏中的"拉伸切除"按钮进入草图绘制界面，单击草图工具栏中的"圆"按钮，以原点为圆心，建立一个直径为40 mm的圆，如图 12-86 示。

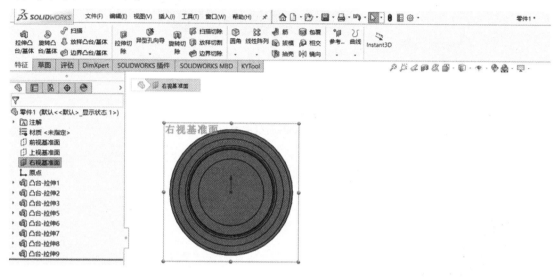

图 12-85　切除基准面

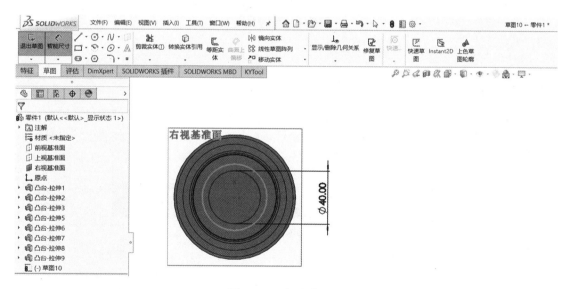

图 12-86　切除草图圆

草图绘制结束，单击 按钮，进行切除特征设置。在左侧的属性栏设置"方向 1"为"成形到一面"，单击最左端平面，如图 12-87 所示，最后单击 ✔ 按钮，得到半轴套管模型，如图 12-88 所示。

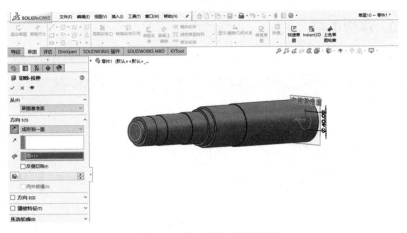

图 12-87　切除特征参数设置

图 12-88　半轴套管模型

最后，以实物参考为标准，若实物的凸缘经过加工处理，则需要将模型的凸缘进行一定角度的倒角处理。这里对照实物模型对半轴套管进行了粗略的圆角处理，如图 12-89 所示。

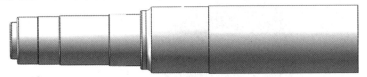

图 12-89　半轴套管最终模型

12.4　驱动桥壳与半轴套管装配方法

12.4.1　初始准备

双击 SolidWorks 图标进入初始界面，在菜单栏单击"文件"→"新建"或按〈Ctrl+N〉组合键，选择"装配体"，单击"确定"按钮，进入 SolidWorks 装配体界面。单击菜单栏"文件"→"从零件制作类配体"，如图 12-90 所示。

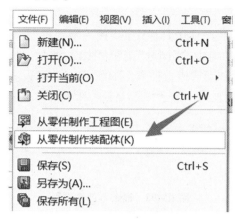

图 12-90　新建装配体必须步骤

　　如图 12-91 所示，在弹出的 SOLIDWORKS 对话框中单击"保存并插入"按钮，进入装配体保存位置，并且为装配体命名，如图 12-92 所示。命名完成单击"保存"按钮进入新的装配体界面。

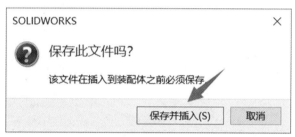

图 12-91　SOLIDWORKS 对话框

图 12-92　设置保存装配体的名称

12.4.2　添加零部件

如图 12-93 所示，单击装配体工具栏中的"插入零部件"按钮，在左侧的属性栏中单击
"要插入的零件/装配体"选项组中的"浏览"按钮(图 12-94)，进入选择零件插入界面，找出
之前建立的驱动桥壳以及半轴套管进行插入，如图 12-95 所示。

图 12-93　插入零部件步骤

图 12-94　插入零部件属性栏　　　　　**图 12-95　选择需要插入的零部件**

重复上述插入零部件操作，将两个半轴套管以及一个驱动桥壳主体导入装配体界面任意
位置，如图 12-96 所示。

图 12-96　将零部件导入

12.4.3　约束配合

在装配体工具栏中单击"配合"按钮 ，进行配合设置。选择如图 12-97 所示右侧的两个面进行配合，在左侧属性栏中，"标准配合"选择"同轴心"，单击 ✔ 按钮，将两零件中心轴约束为同轴，如图 12-98 所示。

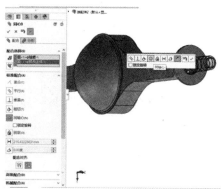

图 12-97　右侧同轴选择面　　　　　　图 12-98　右侧同轴参数设置

再次单击装配体工具栏中的"配合"按钮，选择如图 12-99 所示两个面进行配合，在左侧属性栏中，"标准配合"选择"重合"，单击 ✔ 按钮，将两个面约束为在同一个面，如图 12-100 所示。

图 12-99　右侧重合选择面

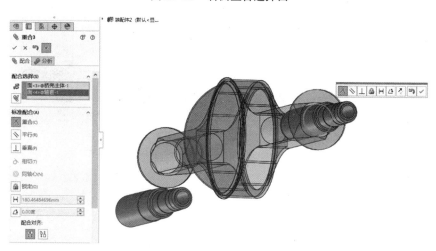

图 12-100　右侧重合面参数设置

　　同理，选择如图 12-101 所示左侧的两个面进行配合，在左侧属性栏中，"标准配合"选择"同轴心"，单击 ✓ 按钮，将两零件中心轴约束为同轴，但此时需将半轴套管方向反转，单击左侧属性栏中"配合对齐"下方的"反向对齐"按钮，如图 12-102 所示。

图 12-101　左侧同轴选择面　　　　　　图 12-102　左侧同轴参数设置

　　再次单击装配体工具栏中的"配合"按钮，选择如图 12-103 所示两个面进行配合，在左侧属性栏中，"标准配合"选择"重合"，单击 ✓ 按钮，将两个面约束为在同一个面，如图 12-104 所示。

图 12-103　左侧重合选择面

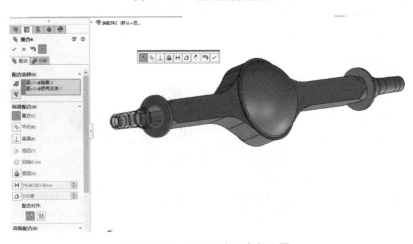

图 12-104　左侧重合面参数设置

　　最终，经过约束后的几何模型如图 12-105 所示。

图 12-105　经过约束后的几何模型

12.5　驱动桥壳建模参数

驱动桥壳建模参数如表 12-1 所示。

表 12-1　驱动桥壳建模参数

名称	数据
上桥壳厚度/mm	5
下桥壳厚度/mm	5
前桥壳厚度/mm	8
后桥壳厚度/mm	7
上弹簧座厚度/mm	10
下弹簧座厚度/mm	10
加强环厚度/mm	10
后盖厚度/mm	3

第13章
方向盘建模

13.1　概述

13.1.1　方向盘的工作原理

　　汽车通过方向盘，将扭矩传递给齿轮齿条机构，从而推动车轮实现向左或向右的转动。齿条推动距离越长，车轮转动的角度就越大。车辆前倾时，发动机令两个车轮前转以保持平衡。车辆后倾时，发动机令车轮都向后转动。驾驶者操作方向盘控制车轮向左或向右转向时，发动机使一个车轮比另一个转得更快，或让两个车轮分别朝相反方向转动，从而实现原地旋转。使用直径较大的转向盘转向时，驾驶员作用到转盘上的力可相对较小。

13.1.2　方向盘材料

　　目前，汽车市场上对于不同定位的汽车采用不同方向盘配置，可以大概分为普通方向盘、真皮方向盘、木质方向盘、多功能方向盘、运动方向盘等。方向盘的结构一般为方向盘骨架、方向盘包裹材料及其他部件。方向盘骨架材料多为锌合金或铝合金，有些生产厂家采用更便宜、更轻的镁合金；采用压铸工艺生产，少部分厂家还在使用钢材钣金做骨架，这类骨架结构复杂。方向盘包裹材料多是由聚氨酯材料通过发泡机制成，其特点是手感舒适、耐磨、不易开裂、有助于吸收胸部和头部碰撞。有些木制材料的方向盘使用专用机器将木片一层层叠积并上漆，而有些方向盘的木料用假木代替，这些假木一般用塑料注塑完成。此外，一些豪车的方向盘采用更昂贵的材料，如碳纤维。

13.1.3　方向盘构造

　　最简单的方向盘由骨架和发泡物组成，有些方向盘要求外表缝皮，国内一般由工人缝制完成。方向盘上都会有和主驾驶气囊对应的安装卡扣或螺钉孔；有喇叭触点，比较简单的方式就是把喇叭触点压入骨架中，还有一种方式就是做一个喇叭触点模块并集成一部分线束和电路板在上面；有开关，主要位于轮辐式外壳或者主气囊两侧，功能一般为控制电台、加减速、巡航、声音、接电话等。此外，方向盘还要提供安装卡扣和线束接口。

13.2　方向盘建模方法

方向盘的建模方法如下。

(1)双击 SolidWorks 图标进入初始界面,在菜单栏单击"文件"→"新建"或按〈Ctrl+N〉组合键,选择"零件",单击"确定"按钮,进入 SolidWorks 操作界面。在设计树中右击"前视基准面",在弹出的快捷菜单中,单击"正视于"命令 ⬆,以前视基准面为参考平面,然后单击草图工具栏中的"草图绘制"按钮,进入草图绘制界面。

(2)绘制外圆轮廓。单击草图工具栏中的"圆"按钮· ⊙ ▾,绘制方向盘外圆轮廓草图,如图 13-1 所示。单击"智能尺寸"按钮,定义外圆中心到中心点距离为 185 mm,外圆直径为 40 mm。

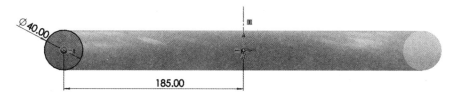

图 13-1　绘制外圆轮廓

(3)用旋转特征生成方向盘外圆实体。单击特征工具栏中的"旋转凸台/基体"按钮 🍃,在绘图区域选择垂直中心线(直线 1)作为旋转体的旋转轴,设置旋转类型为"给定深度",方向角度为 360°,在"所选轮廓"选项组中以草图作为轮廓,如图 13-2 所示,预览无误后单击"确定",完成旋转实体,如图 13-3 所示。

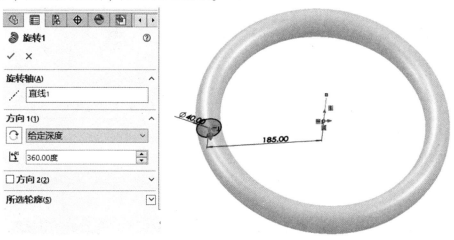

图 13-2　定义旋转实体　　　　　**图 13-3　旋转实体**

注意:旋转特征有 3 种形式,即实体、曲面和薄板。对于初次生成的旋转实体来说,截面必须是全封闭的,而对于曲面和薄板特征来说,截面可以是开放的。曲面和薄板容易混淆,一般来说二者可以互换,只是壁厚不同。

(4)绘制中心圆台轮廓。单击"圆"按钮· ⊙ ▾,绘制中心圆台,如图 13-4 所示。单击

"智能尺寸"按钮，定义中心圆台直径为 160 mm。

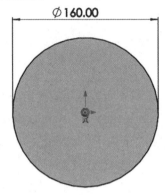

图 13-4　绘制中心圆台轮廓

（5）用拉伸特征生成方向盘中间圆柱实体。单击特征工具栏中的"拉伸凸台/基体"按钮，在绘图区域选择草图基准面作为基准面，设置拉伸类型为"给定深度"，拉伸深度为 20 mm，在"所选轮廓"选项组中以草图作为轮廓，如图 13-5 所示，预览无误后单击"确定"按钮完成拉伸实体，如图 13-6 所示。

图 13-5　定义拉伸实体 1

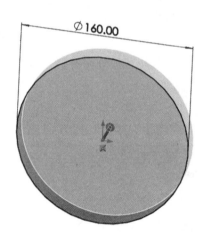

图 13-6　拉伸实体 1

（6）绘制方向盘骨架轮廓 1。单击"直线"按钮，绘制水平中心线和垂直中心线，然后绘制活塞半剖面轮廓，单击"智能尺寸"按钮，定义矩形长为 60 mm、宽为 30 mm，如图 13-7 所示。

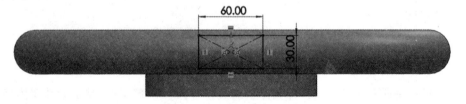

图 13-7　绘制骨架轮廓 1

（7）用拉伸特征生成方向盘骨架实体 1。单击特征工具栏中的"拉伸凸台/基体"按钮，在绘图区域选择草图基准面作为基准面，设置拉伸类型为"两侧对称"，拉伸深度为 350 mm，在"所选轮廓"选项组中以草图作为轮廓，如图 13-8 所示，预览无误后单击"确定"按钮，完成拉伸实体，如图 13-9 所示。

图 13-8　定义拉伸实体 2　　　　　图 13-9　拉伸实体 2

（8）绘制方向盘骨架轮廓 2。单击"直线"按钮，绘制水平中心线和垂直中心线，然后绘制活塞半剖面轮廓线，单击"智能尺寸"按钮，定义矩形长为 60 mm、宽为 30 mm，如图 13-10 所示。

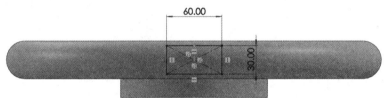

图 13-10　绘制骨架轮廓 2

（9）用拉伸特征生成方向盘骨架实体 2。单击特征工具栏中的"拉伸凸台/基体"按钮，在绘图区域选择草图基准面作为基准面，设置拉伸类型为"给定深度"，拉伸深度为 184 mm，在"所选轮廓"选项组中以草图作为轮廓，如图 13-11 所示，预览无误后单击"确定"按钮，完成拉伸实体，如图 13-12 所示。

图 13-11　定义拉伸实体 3　　　　　图 13-12　拉伸实体 3

（10）圆角 1。选择骨架与中间圆台交线进行圆角，半径为 50 mm，如图 13-13 所示。

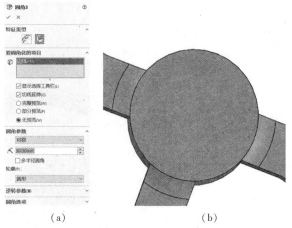

（a）   （b）

图 13-13　圆角 1

（11）圆角 2。选择骨架与外圆交线进行圆角，半径为 30 mm，如图 13-14 所示。

（a）   （b）

图 13-14　圆角 2

最终，方向盘模型如图 13-15 所示。

图 13-15　方向盘模型

13.3　方向盘建模参数

方向盘建模参数如表 13-1 所示。

表 13-1　方向盘建模参数

名称	数据
外圆到圆心距离/mm	185
外圆直径/mm	40
中心圆台直径/mm	160
中心圆台高/mm	20
骨架长/mm	175
骨架宽/mm	60
骨架高/mm	30
骨架与圆台圆角半径/mm	50
骨架与外圆圆角半径/mm	30

第 14 章
座椅建模

14.1 概述

汽车座椅，作为现代汽车不可或缺的一部分，其演变历程不仅反映了汽车工业的快速发展，更彰显了人类对舒适性和安全性的不懈追求。从德国工程师戴姆勒首次为汽车配备座椅开始，这一看似简单的装置已经历了百余年的创新与变革。

早期的汽车座椅非常简朴，只是简单的棉花坐垫和木板靠背的组合。随着汽车工业的进步，座椅的功能和设计也日益复杂化和精细化。如今，汽车座椅已成为一个集座椅骨架、头枕、调节装置等于一体的系统性产品。它不仅是一个供人乘坐的平台，更是提升驾驶和乘坐体验的关键因素。

座椅骨架，作为汽车座椅的基础，承载着整个座椅和乘客的重量。它由靠背骨架和坐垫骨架两部分组成，通常采用高强度钢材或轻质合金制造，以确保足够的强度和耐久性。同时，座椅骨架的设计也考虑到了人体工学原理，通过优化结构和材质，为乘客提供更加舒适的支撑。

头枕，作为汽车座椅的安全性和舒适性部件，其重要性不容忽视。安装在靠背骨架上的头枕，不仅能为乘客的头部和颈部提供支撑，还能在汽车发生振动或碰撞时，起到缓冲和减少冲击力的作用。随着技术的进步，一些高端车型还配备了自适应主动头枕，能够根据乘客的身高和坐姿自动调节头枕的位置和角度。

调节装置，是汽车座椅的另一个重要组成部分。安装在座椅骨架和支撑面之间、靠背骨架和坐垫骨架之间的调节装置，允许乘客根据自己的喜好和需要调节座椅的位置与角度。无论是长途旅行还是短途出行，乘客都能通过调节装置找到最舒适的坐姿，从而减轻疲劳感，提高乘坐的舒适度。

随着科技的进步和人们安全意识的提高，汽车座椅的安全性能也得到了极大的提升。安全气囊、座椅安全带、自适应主动头枕等安全装备的应用，为乘客提供了全方位的保护。同时，随着人机工程学在汽车设计中的广泛应用，汽车座椅的舒适性也得到了极大的改善。

在新型材料和技术的发展下，汽车座椅的材料选择将更加多样化。轻量化材料如高强度合金、碳纤维复合材料等，将广泛应用于汽车座椅的制造中，以减轻整车质量，提高燃油经济性。同时，这些新型材料还具有良好的抗冲击性和耐腐蚀性，能够进一步提高汽车座椅的安全性能。

在智能化方面，未来的汽车座椅将配备更多的传感器和控制系统，能够根据乘客的生理和心理需求自动调节座椅的位置、角度和硬度等参数，提供更加个性化的乘坐体验。此外，一些高端车型还将配备座椅加热、座椅通风、座椅按摩等功能，进一步提高乘坐的舒适度。

总之，随着汽车工业的不断发展和人们需求的不断提高，汽车座椅将继续朝着更加完善、先进和个性化的方向发展。作为汽车的重要组成部分，汽车座椅将在未来的发展中发挥更加重要的作用。

14.2　座椅建模方法

14.2.1　底座 1 建模

（1）双击 SolidWorks 图标进入初始界面，在菜单栏单击"文件"→"新建"或按〈Ctrl+N〉组合键，选择"零件"，单击"确定"按钮，进入 SolidWorks 操作界面，在设计树中右击"前视基准面"，在弹出的快捷菜单中，单击"正视于"命令 ↓，以前视基准面为参考平面，使前视基准面正对屏幕，然后单击草图工具栏中的"草图绘制"按钮，进入草图绘制界面。

（2）绘制薄壁结构。单击 按钮，然后单击前视基准面坐标原点绘制矩形，单击"智能尺寸"按钮，定义长度为 50 mm、宽度为 35 mm，再对矩形的 4 个角进行圆角处理，设置圆角半径为 6 mm，如图 14-1 所示。

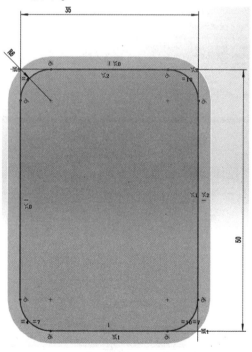

图 14-1　绘制薄壁结构

单击特征工具栏中的 拉伸凸 按钮，在左侧属性栏中选择"薄壁"命令。单击 图标后的文台/基体本框，输入 670 mm，其他选项采用默认设置。再选择薄壁特征，输入 2.5 mm 得到薄壁后的实体，如图 14-2 所示。

图 14-2　薄壁后的实体

利用"直槽口"命令在左边壁离边缘中心 22.14 mm 处绘制两个宽度为 10 mm、长度为 20 mm 的竖直槽口，如图 14-3 所示。

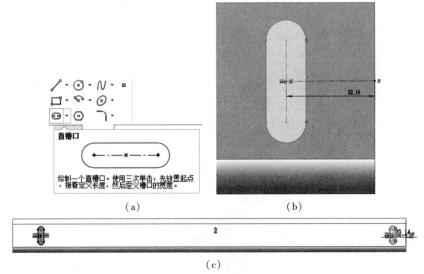

（a）　　　　　　　　　　　　（b）

（c）

图 14-3　绘制竖直槽口

单击特征工具栏中的"拉伸切除"按钮，"方向 1"选择"成形到一面"，单击 ✔ 按钮，完成切除，如图 14-4 所示。

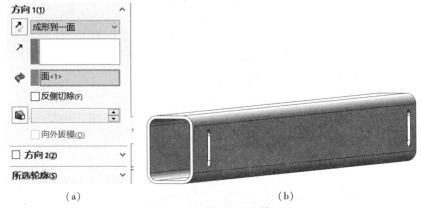

（a）　　　　　　　　　　　　（b）

图 14-4　拉伸切除竖直槽口

再用"直槽口"命令在右边壁离边缘中心 22.14 mm 处绘制两个宽度为 12 mm、长度为 20 mm的横直槽口，并进行拉伸切除，如图 14-5 所示。

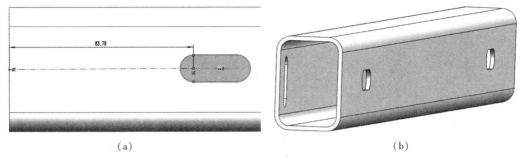

（a）　　　　　　　　　　　　　　　　　　（b）

图 14-5　拉伸切除横直槽口

14.2.2　底座 2 建模

以前视基准面为基准面绘制一个 Ⅱ 字形草图，如图 14-6 所示。再通过拉伸凸台，以"两侧对称"的方式拉伸 400 mm，薄壁特征为 2.5 mm，如图 14-7 所示。最终完成结果如图 14-10 所示。

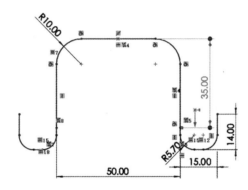

图 14-6　绘制 Ⅱ 字形草图

图 14-7　拉伸参数设置

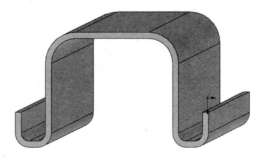

图 14-8　拉伸 Ⅱ 字形实体

再以 Ⅱ 字形实体上表面为基准面，用"直槽口"命令在右边壁离边缘中心 50 mm 处绘制两个宽度为 12 mm、长度为 20 mm 的横直槽口，如图 14-9 所示。然后进行拉伸切除，"方向 1"选择"成形到一面"，如图 14-10 所示。

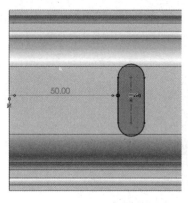

图 14-9　绘制横直槽口草图

图 14-10　拉伸切除横直槽口

14.2.3　滑轨建模

以前视基准面为基准面绘制一个倒 Ⅱ 字形草图，如图 14-11 所示，再通过拉伸凸台，设置"给定深度"为 440 mm，结果如图 14-12 所示。

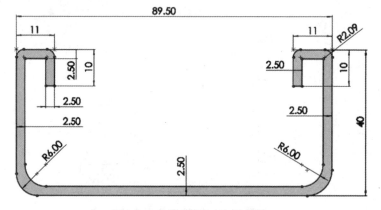

图 14-11　绘制倒 Ⅱ 字形草图

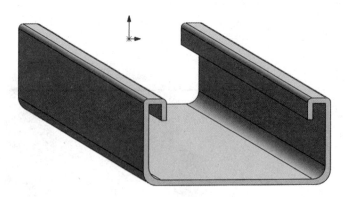

图 14-12　拉伸倒 Ⅱ 字形实体

再以倒 Ⅱ 字形实体下表面为基准面，用"直槽口"命令在右边壁离边缘中心 81.16 mm 处绘制两个宽度为 12 mm、长度为 27 mm 的横直槽口，如图 14-13 所示。然后进行拉伸切除，"方向 1"选择"成形到一面"，如图 14-14 所示。

图 14-13　绘制横直槽口草图

图 14-14　拉伸切除横直槽口

14.2.4　连接管建模

以前视基准面为基准面，绘制一个直径为 23 mm 的圆，如图 14-15 所示，再利用"拉伸凸台"命令拉伸 710 mm 的长度，薄壁特征为 2.5 mm，结果如图 14-16 所示。

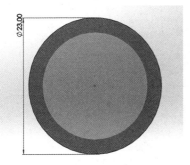

图 14-15　绘制图

图 14-16　拉伸图实体

14.2.5　座椅背板建模

以前视基准面绘制一个宽为 618 mm 的座椅靠背，背部线条可自由发挥，这里以图 14-17 为例。利用"扫描"命令将线条做成直径 22 mm、薄壁特征为 2 mm 的扫描件，如图 14-18 所示。

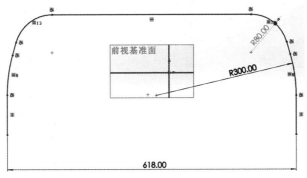

图 14-17　绘制靠背轮廓

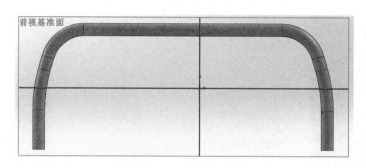

图 14-18　扫描轮廓

再以左边底部作为基准面，绘制一个组合草图，如图 14-19 所示；以前视基准面为平面，利用"直线"命令绘制尺寸为 443.87 mm 的直线，如图 14-20 所示；以图 14-19 为轮廓，以图 14-20 为路径进行扫描，如图 14-21 所示。利用"镜向"命令，以右视基准面为镜向面，图 14-21 为镜向体，可得图 14-22 所示实体。

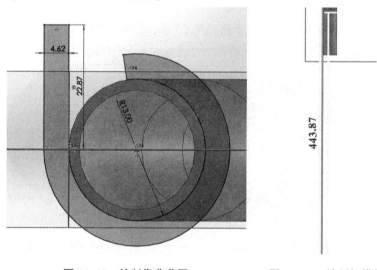

图 14-19　绘制靠背草图　　　　　　图 14-20　绘制扫描轮廓线

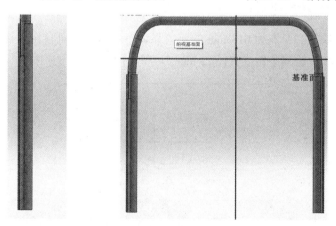

图 14-21　扫描结果 1　　　　　图 14-22　镜向结果 1

建立与左边杆的底部相切的右视基准面，绘制如图 14-23 所示的半扇形，利用"拉伸凸台/基体", 进行 7 mm 的拉伸, 可得图 14-24 所示的半扇形架。利用"镜向"命令, 以右视基准面为镜向面, 图 14-24 为镜向体, 可得图 14-25 所示实体。

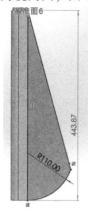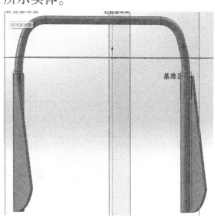

图 14-23 绘制半扇形草图　图 14-24 拉伸结果 1　　　图 14-25 镜向结果 2

　　以底部中心点绘制宽为 10 mm、长为 618 mm 的矩形, 如图 14-26 所示。利用"拉伸凸台"命令, 进行 80 mm 的拉伸, 如图 14-27 所示。建立距离底部 150 mm 的基准面 a, 以图 14-27 所示凸台作为镜向体进行镜向, 得到图 14-28 所示实体。最后在侧边挡板上作直径为 11 mm 的圆, 并且拉伸切除至完全贯穿, 得到图 14-29 所示实体。

图 14-26 绘制底部矩形草图

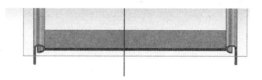

图 14-27 拉伸结果 2

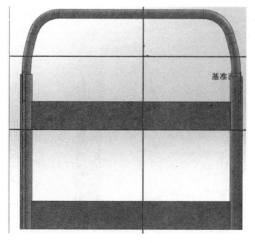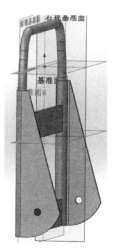

图 14-28 镜向结果 3　　　　图 14-29 切除贯穿

14.2.6 座椅坐盆建模

以上视基准面绘制几字形草图，如图 14-30 所示，以前视基准面绘制工字形草图，如图 14-31 所示。利用"扫描"命令，以图 14-30 为路径，图 14-31 为轮廓，绘制出扫描体，如图 14-32 所示。

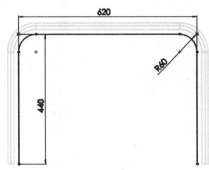

图 14-30　绘制几字形草图

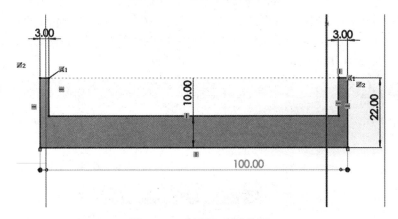

图 14-31　绘制工字形草图

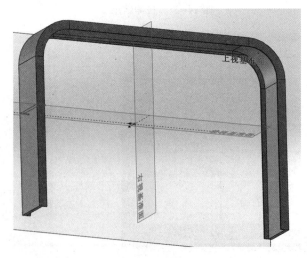

图 14-32　扫描结果 2

以一边的外壁为基准面，绘制图 14-33 所示的草图，利用"拉伸凸台"命令，创建"成形到一面"、薄壁特征为 2 mm 的拉伸件，如图 14-34 所示。再利用"线性阵列"命令，将图 14-34 所示的零件向下平移 200 mm，如图 14-35 所示。

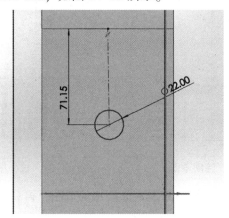

图 14-33　绘制 φ22 圆

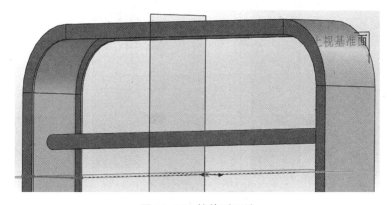

图 14-34　拉伸到两端

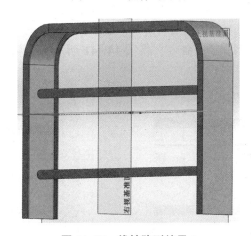

图 14-35　线性阵列结果 1

以左边外壁作为基准面，绘制图 14-36 所示的草图，再利用"拉伸凸台"命令，以"成形到一面"的方式进行拉伸，得到图 14-37 所示的构件。

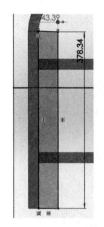

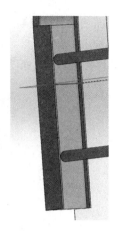

图 14-36　绘制草图 1　　　　　图 14-37　拉伸结果 3

以右边外壁作为基准面，绘制图 14-38 所示的草图，再利用"拉伸凸台"命令，以"成形到一面"的方式进行拉伸，得到图 14-39 所示的构件。

图 14-38　绘制草图 2　　　　图 14-39　拉伸结果 4

以左边外壁为基准面，绘制图 14-40 所示的草图，并绘制宽度为 10 mm、长度为 73 mm 的两个竖直槽口，再利用"拉伸切除"命令，以"成形到一面"的方式进行拉伸切除，得到图 14-41 所示实体。利用"线性阵列"命令，将图 14-41 所示竖直槽口阵列到右边构架上，如图 14-42 所示。

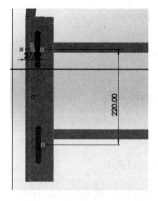

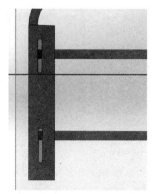

图 14-40　绘制草图 3　　　　图 14-41　切除结果

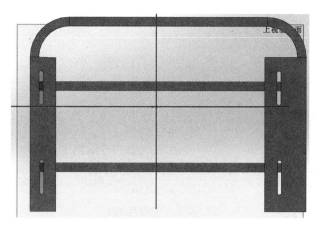

图 14-42　线性阵列结果 2

以左边外侧作为基准面，绘制图 14-43 所示的草图，再利用"拉伸凸台"命令，以"成形到一面"的方式进行拉伸，得到图 14-44 所示的构件。将右侧以同样的方法绘制，如图 14-45 所示。

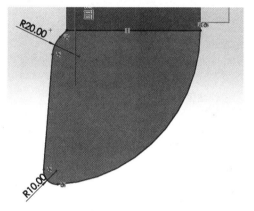

图 14-43　草图绘制 4

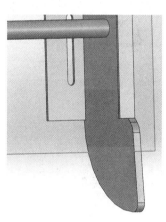

图 14-44　拉伸结果 5

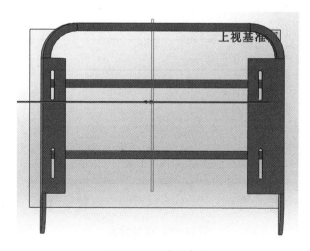

图 14-45　绘制右侧

以背部作为基准面，绘制如图 14-46 所示的草图，再利用"拉伸凸台"命令，拉伸2 mm，得到图 14-47 所示的构件。

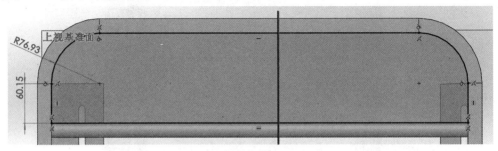

图 14-46 草图绘制 5

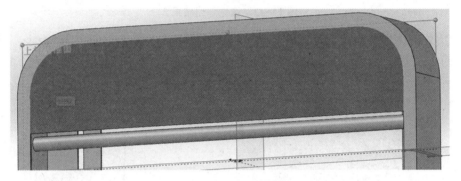

图 14-47 拉伸结果 6

14.2.7 座椅装配

将以上所示的模型装配之后，得到的成品如图 14-48 所示。

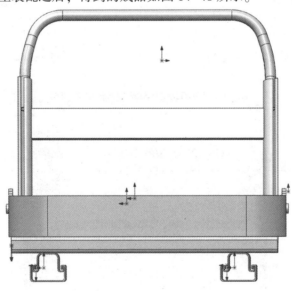

图 14-48 成品展示

14.3 座椅建模参数

座椅建模参数如表 14-1 所示。

表 14-1 座椅建模参数

名称	数据
背板长度/mm	654
背板宽度/mm	145
背板高度/mm	630
坐盆长度/mm	698
坐盆宽度/mm	100
坐盆高度/mm	594

参 考 文 献

[1]顾林，朱跃. 车辆底盘建模与分析[M]. 北京：北京大学出版社，2013.

[2]张健，陈科任，郑彬. 新型电动汽车车架轻量化优化设计[J]. 制造业自动化，2019，41（03）：51-55.

[3]王霄峰. 汽车底盘设计[M]. 2版. 北京：清华大学出版社，2018.

[4]郑彬，钟发，张敬东，等. 鼓式制动器模态及谐响应分析[J]. 中国农机化学报，2020，41（04）：117-122.

[5]李舜酩，李玉芳. 汽车底盘现代设计[M]. 北京：机械工业出版社，2020.

[6]郑彬，张俊杰，李昭. 汽车驱动桥壳静动态特性分析与多目标优化研究[J]. 机电工程，2020，37（07）：770-776.

[7]徐石安，季学武，仇斌，等. 汽车构造——底盘工程[M]. 2版. 北京：清华大学出版社，2011.

[8]郑彬，张敬东，殷国富. 鼓式制动器热——结构耦合特性仿真分析[J]. 中国农机化学报，2019，40（02）：119-124.

[9]尚晓梅，张利雯. 汽车底盘机械系统检修[M]. 北京：北京理工大学出版社，2018.

[10]张敬东，郑彬，姚杰，等. 重型汽车制动鼓模态分析及优化设计[J]. 客车技术与研究，2016，38（02）：1-3+14.

[11]何君. 汽车底盘构造与维修[M]. 北京：北京理工大学出版社，2020.

[12]郑彬，刘文武，张健. 重型汽车螺旋凹槽式制动鼓模态分析及优化设计[J]. 重型汽车，2018（05）：12-13.

[13]许子阳. 汽车底盘结构与拆装[M]. 北京：北京理工大学出版社，2015.

[14]郑彬，殷国富. 农用自卸车制动蹄有限元分析及优化设计[J]. 中国农机化学报，2019，40（01）：85-90.

[15]张宏坤. 汽车底盘检修[M]. 北京：北京理工大学出版社，2015.

[16]Zheng Bin, Fu Shengyan, Lei Jilin. Topology Optimization and Multiobjective Optimization for Drive Axle Housing of a Rear Axle Drive Truck [J]. Materials, 2022, 15(15)：1-28.

[17]张国富，赵鼎明. 汽车底盘构造与维修[M]. 北京：北京理工大学出版社，2018.

[18]Structure Optimization Design for Brake Drum Based on Response Surface Methodology [J]. Manufacturing Technology, 2021, 21(3)：413-420.

[19]何君. 汽车底盘构造与维修[M]. 北京：北京理工大学出版社，2020.

[20]Zheng Bin. Analysis of Static and Dynamic Characteristics and Lightweight Design of Titanium Alloy Frame [J]. Manufacturing Technology, 2024, 24(3)：507-519.

[21]Zhang Jingdong, Zheng Bin. Automobile Transmission Gear Modeling and Contact Stress Anal-

ysis［C］. 3rd International Conference on New Materials, Machinery, and Vehicle Engineering, 2024, 2024(13420). 13420−11.

［22］ Zheng Bin. Development of the Drum Brake Parametric Modeling System［C］. 3rd International Conference on Applied Mathematics, Modelling, and Intelligent Computing, 2023, 2023 (12756). 12756−26.

［23］ Zhang Jingdong, Zheng Bin. Finite Element Analysis and Optimization Design of the Spiral Groove Brake Drum［C］. 8th International Conference on Cloud Computing and Big Data Analytics, 2023, 228−232.

［24］ Zhang Jingdong, Zheng Bin. Finite Element Analysis and Optimization of Brake Shoe of Drum Brake［C］. 2019 IEEE 3rd Information Technology, Networking, Electronic and Automation Control Conference, 2019, 2381−2385.